Tolle Nähideen
für Kinder

Ruth Laing

Tolle Nähideen
für Kinder

Bassermann

Inhaltsverzeichnis

Ich habe noch nie genäht	5
Die Nähmaschine	6
Kleines Nähtraining	8
Kleine Materialkunde	9
Kleine Werkzeugkunde	10
Die Nähanleitung	11
Mini-Sparschwein	12
Haarschleife	16
Hühner	20
Lesezeichen	24
Haarbänder	28
Schlafmaske	32
Heftumschläge	36
Handyclutch	40
Schmuckutensilo	46
Beutel	50
Ringbuchmäppchen	54
Monsterutensilo	60
Sofatasche	66
Wäschebeutel	70
Kosmetikbeutel	74
Handyladetäschchen	78
Fuchskissen	84
Lenkertasche	88
Schnittmuster	94

Ich habe noch nie genäht
Was muss ich beachten?

1. Du solltest dich mit der **Nähmaschine** auskennen. Vielleicht hast du schon einmal genäht oder hast einem Erwachsenen dabei zugeschaut. Der Umgang mit der Nähmaschine ist nicht schwer, aber du solltest einiges beachten und auch immer sehr vorsichtig sein. Welche Bedeutung bestimmte Knöpfe und Rädchen haben, musst du wissen. Bitte einen Erwachsenen um Hilfe. Schau dir Seite 6–7 genau an.

2. Mache einige **Nähübungen.** Wenn du noch nie genäht hast oder nur gerade Strecken nähen kannst, solltest du als Erstes ein kleines Nähtraining durchlaufen. Das macht Spaß und hilft dir beim Fertigstellen der Modelle. Du solltest mit deiner Nähmaschine einen einzelnen Stich nähen können und auch das Nähen von Kurven sollte dir leicht fallen. Das Nähtraining findest du auf Seite 8.

3. Wähle den **richtigen Stoff.** Es gibt viele Arten von Stoffen und Materialien, die du zum Nähen brauchst. Nicht alle sind für Nähanfänger geeignet. Neben den normalen Stoffen wie zum Beispiel Baumwolle gibt es auch Vlieseline oder Volumenvlies, die den Stoff steifer oder dicker werden lassen. Mehr darüber erfährst du auf Seite 9.

4. Benutze das richtige **Werkzeug.** Zum Nähen brauchst du einiges an Werkzeug. Zum Schneiden von Stoffen benötigst du unbedingt eine Stoffschere, die sehr scharf ist. Mit einer normalen Haushaltsschere wirst du Probleme bekommen, wenn du beispielsweise dickeren Filz schneiden möchtest. Alle Werkzeuge findest du auf Seite 10.

5. Du solltest die **Anleitungen** verstehen. Die Seiten für alle Modelle sind gleich aufgebaut: Du findest Angaben zu allen Materialien und Werkzeugen, aber auch zum Zuschnitt. Die Nähanleitung besteht aus Texten und Bildern. Mehr dazu auf Seite 11.

Die Nähmaschine

Es gibt viele Nähmaschinen von den unterschiedlichsten Herstellern, deren Aufbau sehr ähnlich ist. Die neueren Maschinen haben elektronische Displays mit digitaler Anzeige. Hier lassen sich die Sticharten und die Stichlängen über Tasten einstellen. Die unten gezeigte Nähmaschine hat noch Rädchen und Schräubchen, an denen du etwas verstellen kannst.

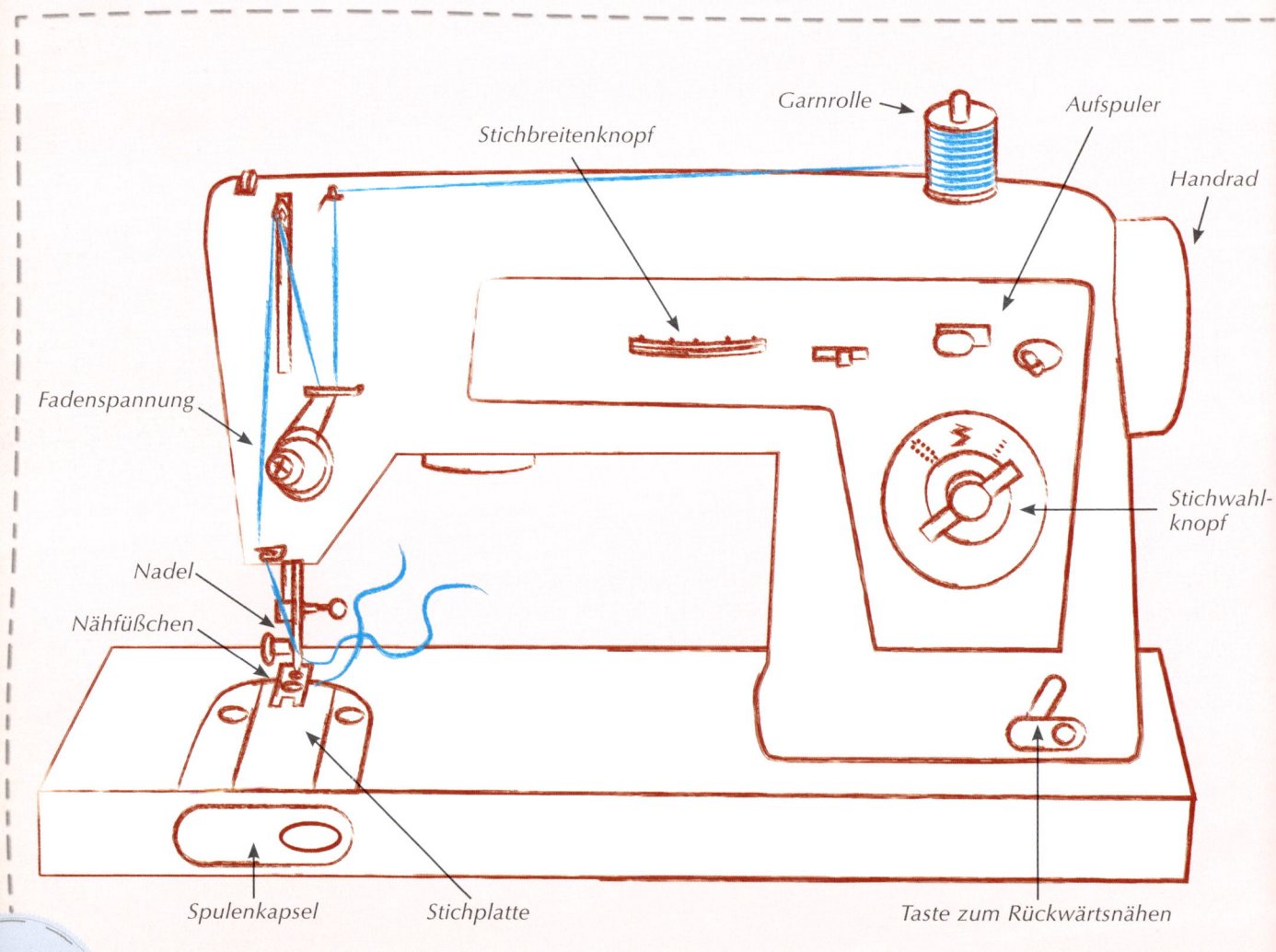

1. Handrad:
Das Handrad dreht sich beim Nähen. Wenn nach dem Nähen die Nadel noch im Stoff steckt, drehst du das Handrad, damit die Nadel wieder nach oben kommt.

2. Fadenspannung:
Durch das Verschlingen von oberem und unterem Faden kommt der Nähmaschinenstich zustande. Wenn der Stich nicht gut aussieht, sich die Naht nach dem Nähen kräuselt, oder wenn du an der Unterseite Schlaufen findest, dann musst du wahrscheinlich an der Oberfadenspannung, also an diesem Rädchen, etwas verstellen.

3. Spulenkapsel:
Eine Nähmaschine hat einen Ober- und einen Unterfaden. Der Unterfaden ist auf einer Spule aufgewickelt, die in einer Spulenkapsel sitzt. Die Spulenkapsel versteckt sich in den meisten Fällen hinter einer kleinen Klappe an der Vorderseite der Nähmaschine, unterhalb der Nadel. Wenn der Unterfaden leer ist, muss ein neuer aufgespult werden.

4. Hebel zum Senken des Nähmaschinenfüßchens:
Wenn du nähen möchtest, musst du den Stoff zunächst auf die Stichplatte unter die Nadel der Nähmaschine legen. Damit er nicht wegrutscht, senkst du das Nähmaschinenfüßchen. Der Hebel dafür sitzt an der Rückseite der Nähmaschine.

5. Nadel:
Für die meisten Nähmaschinen benötigst du eine Flachkolben-Nähmaschinennadel. Nadeln brechen gelegentlich durch – das ist kein Grund zur Panik, sondern ganz normal. Man wechselt sie dann einfach aus. Hole dir dafür Hilfe. Jede Nähmaschinennadel hat eine lange Rille. Das ist die Vorderseite der Nadel, sie muss nach dem Einsetzen vorne sitzen.

6. Taste zum Rückwärtsnähen:
Die Nähmaschine hat, genauso wie ein Auto, einen Rückwärtsgang. Damit verriegelst du alle Nähte, damit sie nicht wieder aufgehen. Verriegeln bedeutet nichts anderes als ein Stückchen vorwärts nähen und dann einige Stiche rückwärts nähen, bevor du dann mit dem eigentlichen Nähen der Naht beginnst.

7. Stichwahl:
Die meisten Nähmaschinen können nicht nur den normalen Geradstich nähen. Du wirst sicherlich auch an deiner Nähmaschine eine Auswahl von Zierstichen vorfinden. Der Zick-Zack-Stich wird zum „Versäubern" der Stoffe verwendet. Wenn du an den Stoffkanten mit einem Zickzackstich entlangnähst, fransen die Kanten nicht aus.

Kleines Nähtraining

Vielleicht hast du schon einmal genäht. Dann ist dir sicher aufgefallen, dass sehr genaues Nähen gar nicht so leicht ist. Allerdings ist es notwendig, damit alle Nähte gerade und gleich breit werden. Mache dazu das kleine Nähtraining:

1. Nähübung auf Papier

1. Lege Seite 58, 59 und 83 auf den Kopierer und mache dir von jeder Seite zwei Kopien.
2. Nimm aus deiner Nähmaschine die Spulenkapsel heraus. Bitte einen Erwachsenen um Hilfe.
3. Entferne nun auch den Oberfaden. Du wirst nun Nähübungen ohne Faden machen, also nur kleine Löcher in deine Kopien stanzen.
4. Hebe das Füßchen der Nähmaschine an und lege das Blatt Papier mit den geraden Linien so unter das Füßchen, dass die Nadel direkt in die erste Linie einsticht. Nähe nun die geraden Linien genau nach.
5. Nimm dann die Kopie mit den geschwungenen Linien zur Hand und nähe sie ebenfalls nach. Versuche das Blatt während des Nähens leicht zu drehen.
6. Ganz zum Schluss nimmst du das Blatt mit den Zackenlinien. Hier musst du immer die Linie bis zur Spitze nähen und dort die Nadel im Blatt stecken lassen.
   Das ist wichtig. Dann hebst du das Füßchen, drehst das Papier und senkst das Füßchen wieder, um bis zur nächsten Spitze zu nähen.

2. Nähübung auf Stoff

Nimm einen Stoffrest. Lege ihn doppelt, also zwei Stofflagen übereinander. Hebe dann das Nähmaschinenfüßchen und lege den Stoff unter die Nadel. Dann senkst du das Füßchen wieder. Nähe nun so auf dem Stoff herum, wie es dir gefällt. Versuche dabei die Geschwindigkeit zu kontrollieren, indem du einmal mehr und dann wiederum weniger Gas gibst. Versuche auch ganz langsam zu nähen. Du solltest in der Lage sein, so wenig Gas zu geben, dass die Nähmaschine nur zwei oder drei Stiche macht. Schneide die Fäden gelegentlich ab und beginne erneut mit dem Nähen. Dazu hebst du das Nähmaschinenfüßchen am Hebel auf der Rückseite und ziehst den Stoff nach hinten weg. Die beiden Fäden sollten mindestens 15–20 cm lang sein, bevor du sie dicht am Stoff abschneidest.

3. Nähmaschinenstiche üben

Lege deinen doppelt gelegten Stoff unter die Nähnadel. Die äußere rechte Stoffkante und die rechte Kante des Füßchens liegen direkt übereinander. Wenn du nun nähst, wird die Naht 0,7 cm breit. Dies nennt man „Füßchenbreite". Die meisten Nähte arbeitest du mit dem normalen Geradstich. Wenn du auf der Oberfläche eines Stoffes nähst, nennt man dieses „steppen". Übe das Nähen dicht an einer umgeschlagenen Kante. Das brauchst du oft und wird knappkantiges Nähen genannt. Probiere auch den Zickzackstich an einem Stoffrand aus. Du brauchst diesen Stich, damit Stoffkanten nicht ausfransen.

Kleine Materialkunde

Stoffe:

Zum Nähen eignen sich Baumwollstoffe besonders gut. Sie sind etwas fester und stabiler als Stoffe aus Kunstfasern, und sie lassen sich leicht bügeln. Jeder Stoff hat eine rechte Seite. Damit ist die Vorderseite gemeint, also die „schönere" Seite, die man später sehen wird. Die Rückseite wird linke Seite genannt. Achte bei den Nähanleitungen darauf, wie du die Stoffe aufeinanderlegen musst.

Filz:

Filze gibt es als zugeschnittene Platten in verschiedenen Stärken. Zum Nähen solltest du einen etwas dickeren Filz von etwa 2–3 mm Stärke wählen. Dünner Bastelfilz ist ungeeignet.

Vlieseline:

Um dünne Stoffe etwas steifer zu machen, bügelt man Vlieseline auf die linke Stoffseite. Das ist eine besondere Art „Stoff", der aus feinen Fasern zusammengepresst wurde. Auf der Rückseite ist ein Klebstoff aufgebracht, der durch das Bügeln flüssig wird und dann kleben bleibt. Wie du das Vlies genau aufbügelst, ist auf die Kante der Vlieseline aufgedruckt. Du musst beim Bügeln unbedingt ein Bügeltuch, ein altes Trockentuch oder einen größeren Stoffrest darüberlegen.

Volumenvlies:

Volumenvlies ist ein bauschiges, dickeres Vlies. Es wird genauso wie die Vlieseline aufgebügelt. Volumenvlies benutzt man, wenn die genähten Teile etwas dicker und weicher werden sollen.

Nähgarn und Knopflochgarn:

Zum Nähen mit der Nähmaschine benötigst du ganz normales Nähgarn, entweder aus Baumwolle oder aus Polyester. Für manche Arbeitsgänge, die du mit der Hand nähst, ist ein stabiles Garn besser. Entweder nimmst du den Nähgarnfaden doppelt, oder du benutzt Knopflochgarn. Du könntest für diese Zwecke auch Zwirn nehmen.

Kleine Werkzeugkunde

Du benötigst einige Werkzeuge, die hier erklärt werden. Du findest die Werkzeugangaben in den Modellbeschreibungen als kleine Symbole in den Kreisen.

 **Stoffschere/ Papierschere**

 **Bügeleisen**

 Geodreieck

 **Maßband**

 **Lochzange**

 **Schneiderkreide/ Markierstift**

 **Nähgarn**

 **Stecknadeln**

 **Sicherheitsnadeln**

 **Nähnadeln**

 **Klebstoff**

 **Stopfnadel**

 **Bügeltuch**

 **Holzbrett**

 **Hammer**

Die Nähanleitung

Zu jedem Modell in diesem Buch gibt es eine Nähanleitung, die immer sehr ähnlich aufgebaut ist.

Modell · Einleitung · Schwierigkeitsgrad · Material · Werkzeug

Auf der ersten Seite findest du ein großes Foto des Modells. Auf der gegenüberliegenden Seite kannst du in den Kreisen nachlesen, welches Material und welche Werkzeuge du benötigst. Dort steht auch, ob es sich um ein schwieriges oder einfacheres Modell handelt. „Eine Schere" steht für einfach, „drei Scheren" deuten auf ein schwierigeres Modell hin.

Auf den nächsten Seiten findest du die Nähanleitung, die Schritt für Schritt erklärt, wie du das Modell nähen solltest. Halte dabei die Reihenfolge der Arbeitsschritte unbedingt ein!

Arbeite die einzelnen Punkte Schritt für Schritt nach. Beachte auch die Angabe, ob ein Teil gebügelt werden soll. Das Bügeln ist ein Arbeitsschritt, den du nicht auslassen solltest. Bevor du aber das Bügeleisen anstellst, bitte einen Erwachsenen um Erlaubnis. Vergiss auch das Ausstellen nicht!

Zuschnitt · Nähanleitung

Mini-Sparschwein

Hungrige Schweinchen

Diese kleinen Mini-Sparschweine sind schnell fertig und für dich als Nähanfänger geeignet. Du solltest dich aber schon etwas mit der Nähmaschine auskennen und auch enge Kurven nähen können.
Wenn dir das bereits gelingt, kannst du sofort mehrere Schweinchen zuschneiden, denn sie eignen sich auch toll zum Verschenken.

Material

- Filz, 2–3 mm dick, 15 cm x 20 cm, je Schweinchen
- Nähgarn

Werkzeug

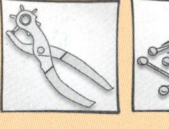

Sparschwein

Zuschnitt

Aus Filz

2 x Filzrechteck: 15 cm x 10 cm

1. Schnittteil Nr. 1 von Seite 95 kopieren und ausschneiden.

2. Das Schnittmuster mit Stecknadeln auf eine der beiden Filzplatten stecken und die Umrandung mit Kreide nachzeichnen. Die Schweinchenform mit einer scharfen Schere zunächst nur **einmal** ausschneiden.

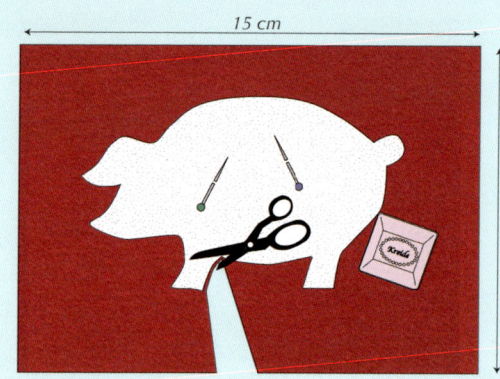

Verarbeitung

zu Abbildung A

1. Als Erstes musst du die Lage des Geldschlitzes markieren. Dazu legst du nach dem Zuschneiden das Schnittmuster nochmals auf das Filzschweinchen und überträgst die Einschnittlinie mit einem Bleistift oder Schneiderkreide. Du kannst Anfang und Ende des Schlitzes mit zwei Stecknadeln markieren und dann die beiden Punkte mit einem kleinen Lineal und Kreide verbinden.

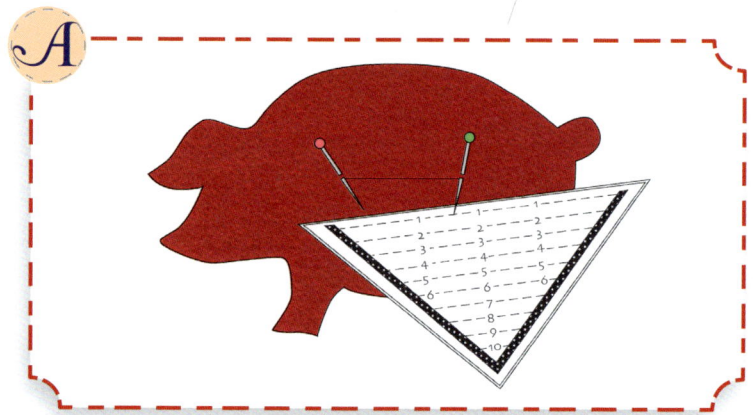

zu Abbildung B

2. Nun nimmst du die Lochzange und stanzt damit am Anfang und am Ende der aufgezeichneten Linie kleine Löcher heraus. Dann schneidest du mit einer möglichst scharfen Schere den Filz zwischen den beiden Löchern sorgfältig ein.

zu Abbildung C

3. Damit der Schlitz nicht einreißt, muss er umnäht werden. Lege dazu das Schweinchen unter das Nähmaschinenfüßchen und umnähe den Einschnitt 1–2 mm breit. Die Naht solltest du nicht verriegeln, das würde nicht so hübsch aussehen. Nimm lieber eine Nähnadel, ziehe die beiden Nähfäden auf die Rückseite und verknote sie. Nun ist die Vorderseite des Mini-Sparschweinchens fertig.

zu Abbildung D

4. Jetzt legst du die Vorderseite des Schweinchens auf die andere, noch rechteckige Filzplatte und steckst sie mit Nadeln darauf fest. Dann schiebst du die beiden Filzplatten unter das Nähmaschinenfüßchen. Folge dem Umriss des ausgeschnittenen Schweinchens und nähe 1–2 mm breit an der Kante entlang. Wenn du damit fertig bist, schneidest du den überstehenden Filz mit einer scharfen Schere ab.

Haarschleife

Farbenfroher Haarschmuck

Material

- Web- oder Geschenkband: 3–4 cm breit, 65 cm lang
- Knopf/Applikation
- Haarklemme
- Nähgarn

Aus bunten Geschenkbändern kannst du ohne großen Aufwand diese kleinen Haarschleifen ganz schnell selbst herstellen. Vielleicht findest du in deinem Nähkästchen auch noch kleine Knöpfe, die farblich gut zu deinem Band passen. Aber auch mit kleinen Applikationsmotiven, die du in Stoffgeschäften und Kaufhäusern in großer Auswahl findest, wird dieser Haarschmuck zu etwas ganz Besonderem.

Werkzeug

 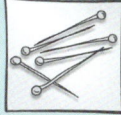

Haarschleife

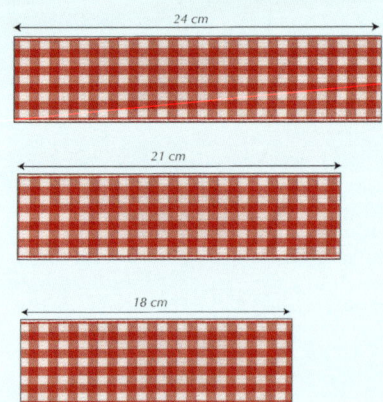

Zuschnitt

Aus Web- oder Geschenkband

1 x großes Schleifenteil: 24 cm

1 x kleines Schleifenteil: 18 cm

1 x unteres Schleifenteil: 21 cm

Verarbeitung

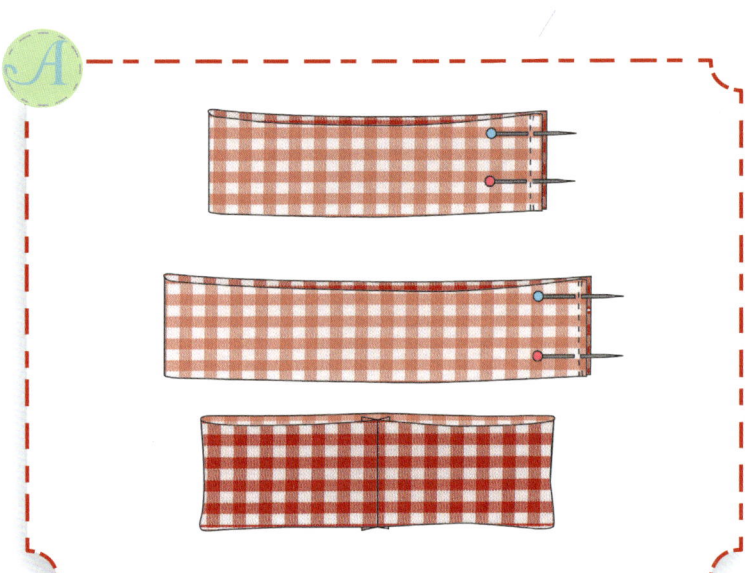

zu Abbildung A

1. Nach dem Zuschneiden der drei Bänder musst du zunächst das 24 cm und anschließend das 18 cm lange Band rechts auf rechts an den Schmalseiten zusammennähen. Die Nahtzugaben streichst du mit dem Fingernagel glatt oder bügelst sie vorsichtig auseinander. Benutze dazu ein Bügeltuch.

zu Abbildung A

2. Dann wendest du die Schleifenteile. Die Nahtzugaben liegen nun innen und exakt in der Mitte.

zu Abbildung B

3. Jetzt fädelst du in eine Näh- oder Stopfnadel einen doppelt gelegten Faden ein, verknotest die Enden und nähst von Hand mit einem etwas größeren Stich durch die Mitte der beiden Schleifen.
Anschließend ziehst du die beiden Fäden so stramm wie möglich an, bevor du sie sorgfältig auf der Rückseite verknotest und vernähst.

zu Abbildung C

4. Nachdem du nun die beiden oberen Schleifenteile eingekräuselt und aneinandergenäht hast, musst du nur noch die untere Schleife befestigen. Dazu markierst du dir die Mitte der Schleife, legst sie in kleine Falten und nähst sie mit einem neuen Faden an den beiden oberen Schleifenteilen fest.

zu Abbildung D

5. Ganz zum Schluss nähst du auf der Vorderseite einen Knopf oder eine Applikation fest.

zu Abbildung E

6. An der Rückseite befestigt du mit einem doppelt gelegten Faden die Haarklemme. Vernähe die Fadenenden und schneide sie ab.

Hühner

Lustige Vogelschar

Falls du in deiner Nähkiste nur kleine Stoffreste findest, ist dieses Nähprojekt genau das Richtige für dich.

Zum Nähen der Hühner benötigst du zwei Stoffstücke. Für Beine, Kamm und Schnabel verwendest du kleine, dünne Filzreste (Bastelfilz). Gefüllt werden die Hühner mit etwas Füllwatte. Nähe sofort mehrere Exemplare, denn du kannst sie toll zu Ostern verschenken und sie eignen sich auch als kleines Nadelkissen.

Material

- Baumwollstoff: 12 cm x 25 cm
- Bastelfilz
- Füllwatte
- Nähgarn

Werkzeug

Zuschnitt

Aus Baumwolle
2 x Körper: 11 cm x 11 cm

Aus Filz
1 x Filzrechteck: 15 cm x 7 cm, für
1 x Schnabel, 2 x Füße, 1 x Kamm

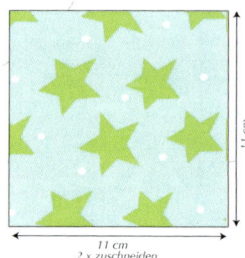
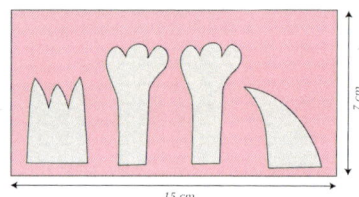

1. Schnittteile Nr. 2, Nr. 3 und Nr. 4 von Seite 94 kopieren und ausschneiden.

2. Die Schnittmuster mit Nadeln auf den Filzrest stecken und zuschneiden.

Verarbeitung

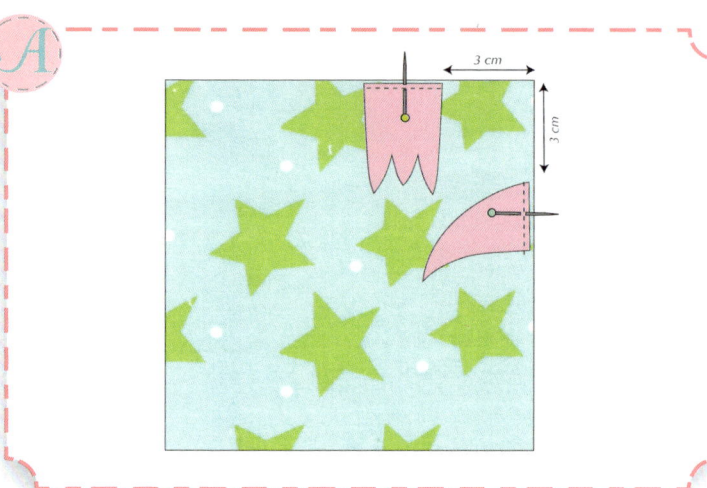

zu Abbildung A

1. Den Kamm und den Schnabel wie abgebildet auf eines der beiden Stoffstücke stecken und nur 1–2 mm breit, also innerhalb der Nahtzugaben, festnähen.

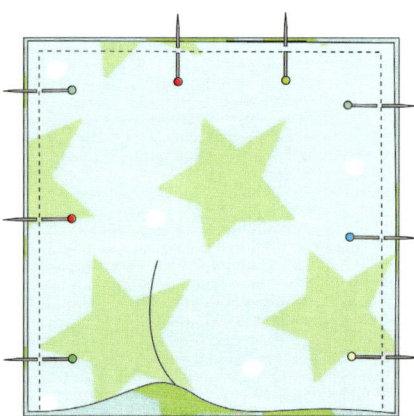

zu Abbildung B

2. Dann legst du die beiden Stoffquadrate aufeinander, die rechten Stoffseiten liegen innen. Nähe sie an drei Seiten aufeinander. Die untere Kante bleibt offen, die Ecken schneidest du anschließend schräg ab.

zu Abbildung C

3. Nachdem du die Kanten aufeinandergenäht hast, wendest du das Huhn auf die rechte Seite und drückst die Ecken sorgfältig mit einer Schere heraus. Dann bügelst du die Kanten vorsichtig flach.

4. Den Körper des Huhns füllst du mit Füllwatte.

zu Abbildung D

5. Nun legst du die beiden unteren Kanten so aufeinander, dass die Seitennähte in der Mitte liegen. Dann schiebst du die beiden Füße vorsichtig in die noch offene Seite, faltest die Nahtzugaben 1 cm nach innen und steppst die Kanten 1–2 mm breit aufeinander fest. Die Augen malst du mit einem Stift auf oder stanzt mit einer Lochzange zwei kleine Filzkreise aus, die du aufklebst.

Lesezeichen

Schnell genäht

Material

- Filz: 2–3 mm dick, 5 cm x 12 cm,
- Nähgarn
- Öse zum Einschlagen
- Webband: 1 cm x 25 cm

Wenn du eine kleine Leseratte bist, solltest du unbedingt diese Lesezeichen nähen, denn so findest du auch am nächsten Tag ganz schnell die zuletzt gelesene Seite wieder. Fertige mehrere Exemplare an, so hast du immer eins griffbereit.
Die Vorderseite des Lesezeichens schmückst du mit kleinen Applikationen und einer Öse, durch die du ein farbiges Band ziehst.

Werkzeug

Lesezeichen

Zuschnitt

1 x Filzrechteck: 5 cm x 12 cm

1 x Webband: 25 cm lang, 1 cm breit

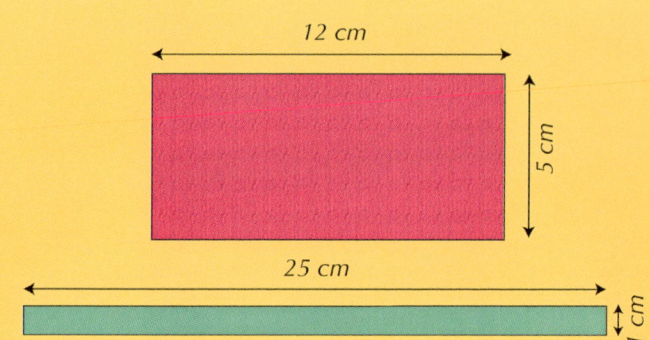

Verarbeitung

zu Abbildung A

1. Nachdem du das Lesezeichen mit einer scharfen Schere exakt zugeschnitten hast, werden die Außenkanten 2 mm breit abgesteppt.
Beim Absteppen der Kanten musst du das Lesezeichen an den Ecken drehen, damit du die nächste Seite nähen kannst. Damit dir das gelingt, lässt du die Nadel der Nähmaschine in Tiefstellung im Filz stecken, hebst dann das Nähmaschinenfüßchen an, drehst den Filz, senkst das Füßchen wieder ab und nähst dann die nächste Seite. So gehst du an allen Ecken vor. Zum Schluss verknotest du die beiden Nähfäden und vernähst sie mit einer Nadel im Filz.

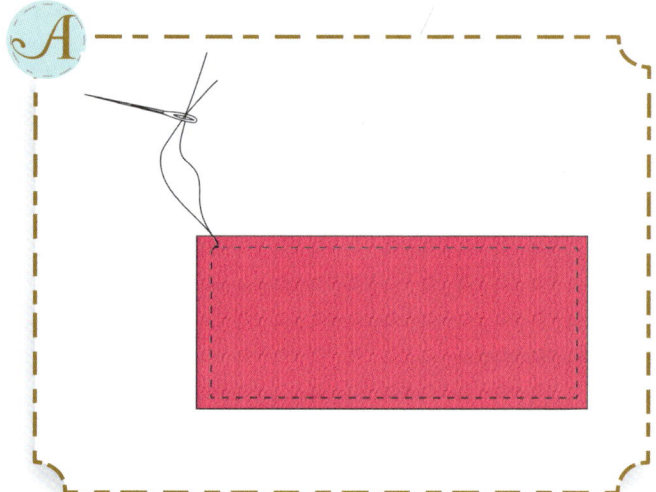

zu Abbildung B

2. Nun nimmst du die Lochzange und stanzt damit in der Mitte einer schmalen Seite, ungefähr 1 cm von der oberen Kante entfernt, ein Loch aus dem Filz. Dann schlägst du die Öse ein. Wie das funktioniert, ist in der Packungsbeilage beschrieben.
Hier sollte dir ein Erwachsener behilflich sein.

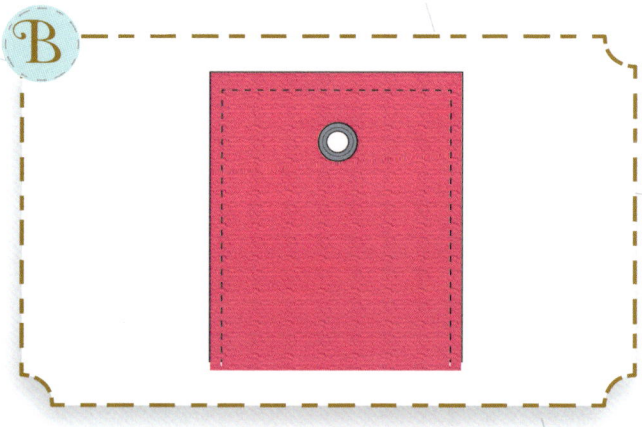

zu Abbildung C

3. Jetzt nähst du die Applikation auf. Wenn du mit der Nähmaschine nähst, solltest du, wie auch beim Absteppen von Ecken, die Nadel im Filz stecken lassen, dann das Lesezeichen drehen und anschließend vorsichtig weiternähen. Du kannst einzelne Stiche sehr exakt nähen, indem du das Handrad vorsichtig von Hand weiterdrehst.

Manche Applikationen kann man aufbügeln. Auf ihrer Rückseite befindet sich eine Klebeschicht, die sich durch Erwärmen verflüssigt. Verwende zum Aufbügeln unbedingt ein Bügeltuch.

zu Abbildung D

4. Ganz zum Schluss ziehst du das Band durch die Öse und verknotest es. Die Enden schneidest du schräg ab, dann fransen sie nicht aus.

Haarbänder

Farbenfrohes für lange Haare

Material

- Baumwollstoff: 20 cm x 45 cm
- Gummiband: 2 cm x 10 cm/12 cm
- Vlieseline: 10 cm x 45 cm
- Nähgarn
- Knopflochgarn

Werkzeug

 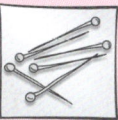

Vielleicht hast du lange Haare und trägst sie gerne offen. Damit dir die Haare nicht ins Gesicht fallen, kannst du dir diese Haarbänder nähen. Dafür benötigst du nur einige Stoffreste und ein kleines Stückchen Gummiband. Da sich Gummibänder verschiedener Hersteller sehr unterschiedlich ausdehnen, solltest du das Haarband vor dem Fertigstellen anprobieren und eventuell die Gummibandlänge korrigieren.
Entscheide dich durch Ausmessen deines Kopfumfanges für die lange oder kurze Variante.

Haarband

Zuschnitt

Aus Baumwollstoff
2 x Haarband: 10 cm x 45 cm

Aus Vlieseline
1 x Haarband: 10 cm x 45 cm

1 x Gummiband: 2 cm x 12 cm

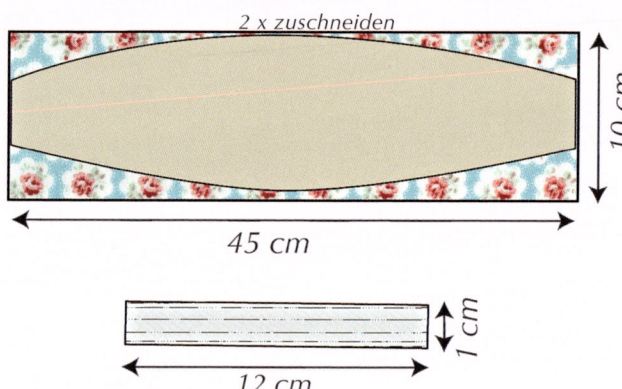

1. Schnittteil Nr. 5 (langes oder kurzes Haarband, siehe Beschriftung) von Seite 94 kopieren und ausschneiden.
2. Das Schnittmuster jeweils mit Nadeln auf das Stoffstück stecken und zweimal zuschneiden.
3. Das Schnittmuster ebenfalls auf die Vlieseline stecken und einmal zuschneiden.

Verarbeitung

zu Abbildung A

1. Die Vlieseline bügelst du auf die linke Stoffseite des äußeren Haarbandes auf. Benutze dafür ein Bügeltuch.

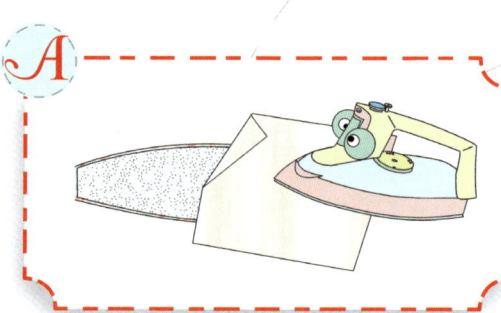

zu Abbildung B

2. Lege dann inneres und äußeres Schnittteil aufeinander, die rechten Seiten liegen innen. Nähe jetzt die beiden langen Seiten aufeinander, die kurzen Kanten bleiben offen. Anschließend wendest du das Haarband, indem du einen stabilen Faden an die Nahtzugaben nähst, dann die Nadel mit dem Öhr voran durch das Nähgut schiebst und anschließend den Stoff durch Ziehen auf die Vorderseite wendest. Danach rollst du die Nähte zwischen den Finger aus, bevor du sie mit dem Bügeleisen flach bügelst.

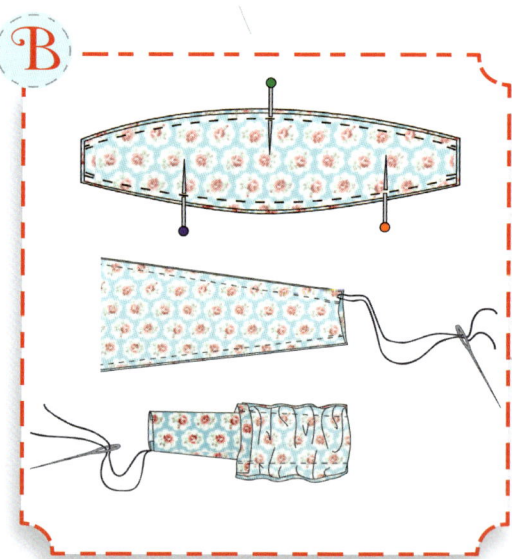

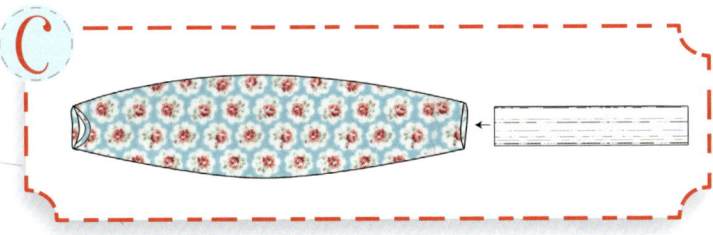

zu Abbildung C

3. Nun faltest du die Nahtzugaben an den beiden schmalen Seiten jeweils 1 cm nach innen und bügelst zum Fixieren nochmals mit dem Bügeleisen darüber.

zu Abbildung D

4. Jetzt schiebst du ein Ende des Gummibandes in eine der beiden seitlichen Öffnungen und nähst es mit der Nähmaschine fest.

zu Abbildung E

5. Anschließend schiebst du die andere Seite des Gummibandes in die gegenüberliegende Öffnung und fixierst sie mit einer Nadel. Dann ziehst du das Haarband zur Anprobe vorsichtig über den Kopf und korrigierst eventuell nochmals die Länge des Gummibandes, bevor du es ebenfalls mit der Maschine festnähst.

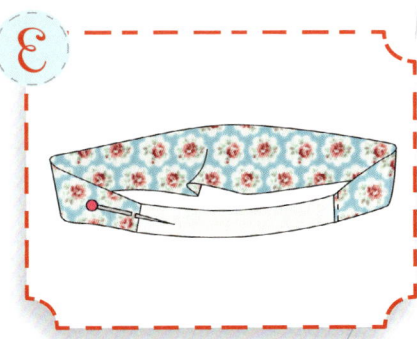

Schlafmaske

Blickdicht, praktisch und schnell genäht

Material

- Baumwollstoff: 20 cm x 20 cm oder 24 cm x 24 cm
- dünnes, aufbügelbares Volumenvlies
- Gummiband: 19 cm oder 23 cm
- Nähgarn

Wenn du morgens durch Sonnenstrahlen geweckt wirst oder wenn du im Flugzeug keinen Schlaf findest, weil Lampen brennen, solltest du dir diese Schlafmaske nähen. Zwischen den beiden Stofflagen liegt Volumenvlies, welches du mit einem Bügeltuch auf die Vorderseite aufbügelst. Die Länge des Gummibandes stimmst du auf deinen Kopfumfang ab.

Die Schlafmaske kannst du in zwei verschiedenen Größen nähen:
Große Schlafmaske: 19 cm x 9 cm
Kleine Schlafmaske: 15 cm x 7 cm

Werkzeug

Schlafmaske

Zuschnitt

Aus Baumwollstoff
2 x Vorder- bzw. Rückseite: 10 cm x 20 cm/13 cm x 24 cm

Aus Volumenvlies
1 x Vorderseite: 10 cm x 20 cm/13 cm x 24 cm

1 x Gummiband: 1 cm x 19 cm/23 cm

1. Schnittteil Nr. 14 (kleine Schlafmaske) oder Nr. 15 (große Schlafmaske) von Seite 95 kopieren und ausschneiden.

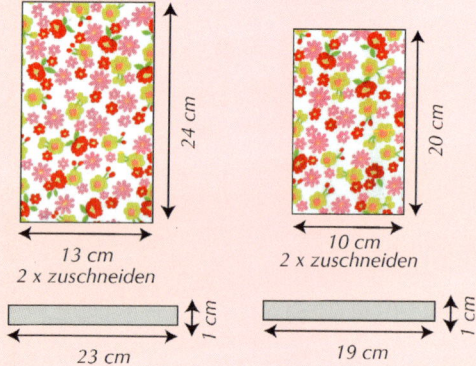

Verarbeitung

zu Abbildung A

1. Das Volumenvlies bügelst du auf die linke Stoffseite der Vorderseite. Benutze dafür ein Bügeltuch.

zu Abbildung B

2. Anschließend steckst du das Schnittmuster auf das mit Volumenvlies beklebte Stoffstück und schneidest die Vorderseite der Schlafmaske zu. Im Anschluss daran legst du dieses Schnittteil auf das andere Stoffrechteck und schneidest die Rückseite zu.

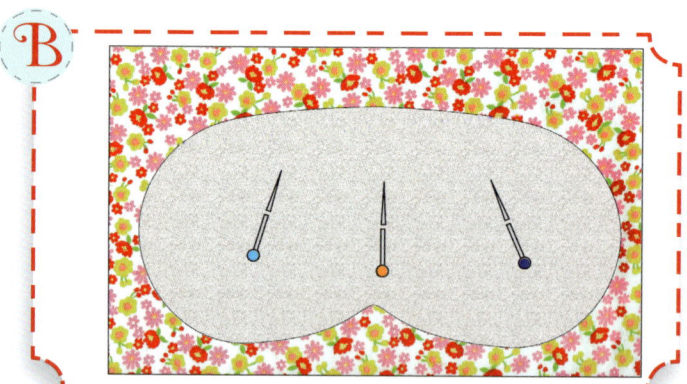

Die Dehnbarkeit von Gummibändern ist sehr unterschiedlich. Stecke deshalb das Gummiband vor dem Festnähen mit Nadeln an der Schlafmaske fest und überprüfe den Sitz. Nimm gegebenenfalls Korrekturen vor.

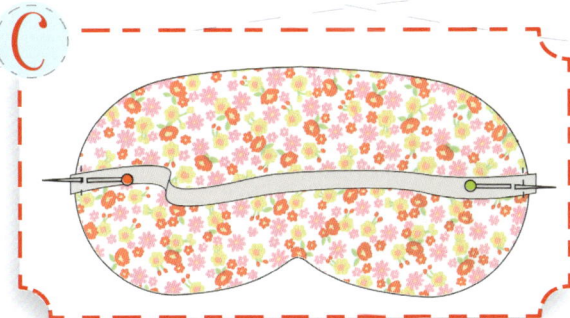

zu Abbildung C

3. Nun steckst du das Gummiband mittig auf die seitlichen Kanten und nähst die Enden knappkantig, also nur 2 mm breit, fest.

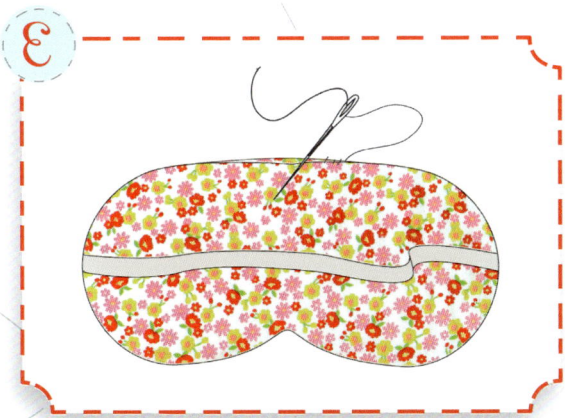

zu Abbildung D

4. Zum Verstürzen der beiden Schnittteile werden Vorder- und Rückseite aufeinandergenäht, die rechten Stoffseiten liegen dabei innen. An der oberen Kante lässt du eine 5 cm bzw. 7 cm breite Öffnung zum Wenden offen. Die Nahtzugaben schneidest du auf 3 mm zurück und die Rundung an der unteren Kante bis zur Nahtlinie ein. Dann wendest du die Schlafmaske durch die Öffnung, rollst die Nähte zwischen den Fingern aus und bügelst die Kanten flach.

zu Abbildung E

5. Im letzten Arbeitsschritt schlägst du die Nahtzugaben an der oberen Kante nach innen ein und schließt die Öffnung mit einigen Handstichen.

Heftumschläge

Toll für die Schule

Vielleicht hast du von anderen Nähprojekten noch einige Stoffreste übrig behalten, für die du noch keinerlei Verwendung gefunden hast. Aus diesen Stoffen kannst du tolle Umschläge nähen, die deine Hefte und Notizbücher zu etwas ganz Besonderem werden lassen. Besonders hübsch sieht es aus, wenn du die Vorderseite mit kleinen bedruckten Stoffschildchen, Bändern, Stempeln oder Applikationen schmückst.

Material

- Baumwollsstoff:
  1,25 m x 35 cm (DIN A4)
  1 m x 25 cm (DIN A5)
- Applikation
- Stempel
- Vlieselinereste
- Nähgarn

Werkzeug

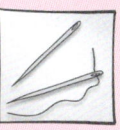 

Verarbeitung

zu Abbildung A

1. Wenn du dich für einen sehr dünnen Stoff entschieden hast, solltest du die Außenseite des Heftumschlags verstärken. Dafür bügelst du auf die linke Stoffseite Vlieseline. Für diesen Arbeitsschritt solltest du unbedingt ein Bügeltuch benutzen.

2. Anschließend faltest du das Stoffstück wie ein Heft, die linken Seiten liegen innen. Die Vorderseite kannst du jetzt nach deinen Vorstellungen gestalten. Reiße zum Beispiel aus einem einfarbigen Baumwollstoff einen schmalen Streifen und stemple deinen Namen auf das Stoffstück oder klebe eine kleine Applikation auf. Du kannst auch mit einer Bügeltransferfolie den Schriftzug durch Bügeln auf Stoff übertragen.

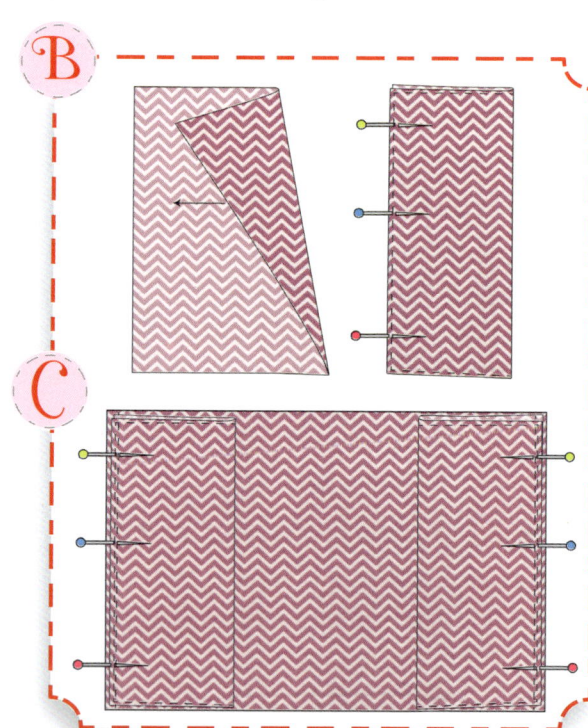

zu Abbildung B

3. Nun faltest du die beiden Einschubschnittteile jeweils der Länge nach links auf links und nähst die Kanten knappkantig, also nur 1–2 mm breit, aufeinander fest.

zu Abbildung C

4. Die fertigen Einschubteile steckst du nun sorgfältig auf die rechte Stoffseite des Vorderteils und nähst sie knappkantig fest. Die gefalteten Kanten der beiden Einschubteile zeigen zur Mitte hin und die genähten Kanten liegen an den Außenkanten des Vorderteils.

Zuschnitt

Die Größe der Stoffzuschnitte solltest du individuell auf deine Heftgöße abstimmen. Manche Hefte haben besonders viele Seiten oder die Heftpappe ist sehr stabil. Das solltest du berücksichtigen.
Die unten stehenden Maße beziehen sich auf normale Schulhefte, an denen du dich orientieren kannst.

Heft DIN A4:
2 x Innen- bzw. Außenseite: 44,5 cm x 32,5 cm
2 x Einschubteil: 18,5 cm x 32,5 cm

Heft DIN A5:
2 x Innen- bzw. Außenseite: 32,5 cm x 23,5 cm
2 x Einschubteil: 18,5 x 23,5 cm

zu Abbildung D

5. Nachdem du die beiden Einschubteile aufgenäht hast, werden vordere und rückwärtige Hefthülle miteinander verstürzt. Dazu legst du die beiden Teile so aufeinander, dass die rechten Stoffseiten innen liegen. Dann nähst du sie ringsum aufeinander fest, wobei du an der unteren Kante eine 11 cm (DIN A5) bzw. eine 15 cm (DIN A4) breite Öffnung zum Wenden offen lässt. Anschließend schneidest du die Ecken der Nahtzugaben mit einer scharfen Schere schräg ab und wendest den Heftumschlag auf die rechte Stoffseite.
Die Ecken drückst du dann mit einer spitzen Schere vorsichtig heraus. Die übrigen Kanten rollst du zwischen Fingern aus, bevor du sie flach bügelst.

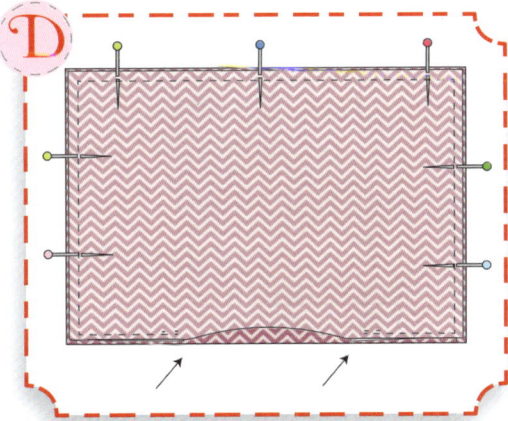

zu Abbildung E

6. Ganz zum Schluss faltest du die Nahtzugaben an der Öffnung 1 cm nach innen ein und nähst sie mit einigen Handstichen zu.

39

Handyclutch

Immer alles dabei

In dieser kleinen Handyclutch hast du dein Telefon, einen Ausweis oder Eintrittskarten immer griffbereit. Die beiden Einschubfächer im Inneren bieten viel Platz für allerlei Kleinkram, den du stets bei dir haben möchtest.

Die Vorderseite kannst man auf vielfältige Weise gestalten. Du kannst Zierbänder, Litzen, Applikationen oder kleine Blumen aufnähen. Schau in deinem Nähkästchen nach. Du findest sicherlich einige Reste, die gut passen.

Werkzeug

 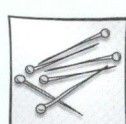

Material

- Baumwollstoff, insgesamt 85 cm x 20 cm
- feste Vlieseline
- Nähgarn
- Knopflochgarn
- kleiner Knopf
- dünne Kordel, 25 cm

Handyclutch

Zuschnitt

Aus Baumwollstoff und Vlieseline:
2 x Vorderseite: 11 cm x 16 cm
1 x Mittelteil: 5 cm x 16 cm
1 x Innenseite: 23 cm x 16 cm
2 x Einschubtasche: 16 cm x 16 cm

Aus Baumwollstoff:
1 x Rosette: 2,5 cm x 25 cm

Sonstiges:
2 x Kordeln/Bänder: 21 cm

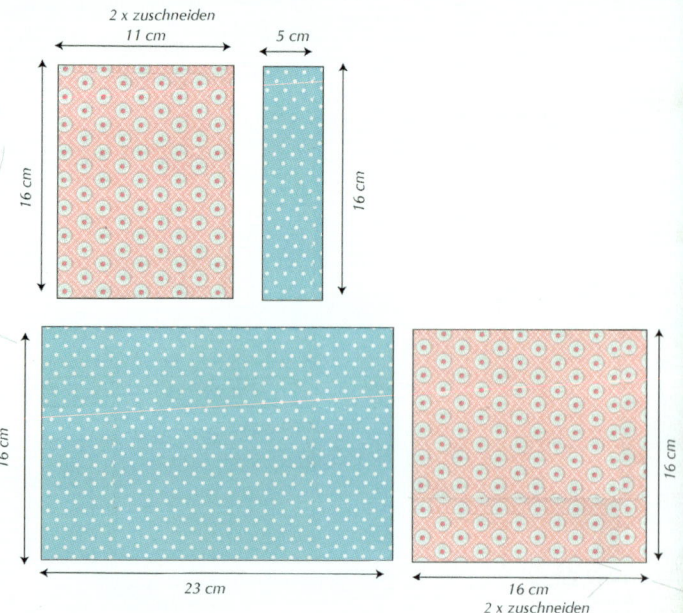

Verarbeitung

1. Zunächst musst du auf die linke Stoffseite einiger Schnittteile (siehe Auflistung oben) Vlieseline aufbügeln. Benutze dafür ein Bügeltuch.

zu Abbildung A

2. Nun nähst du die drei Schnittteile für die Vorderseite zusammen. Dafür legst du das kleinere Mittelteil rechts auf rechts an die lange Kante der beiden großen Vorderteile und steckst sie sorgfältig mit Nadeln aufeinander fest. Nach dem Zusammennähen bügelst du die Naht sehr sorgfältig auseinander.

3. Anschließend nähst du das zweite Vorderteil rechts auf rechts an das Mittelteil, bügelst auch diese Naht auseinander und steppst dann beide Nähte auf der rechten Stoffseite knappkantig ab. Die Stepplinien sollten ca. 1–2 mm von der Naht entfernt liegen.

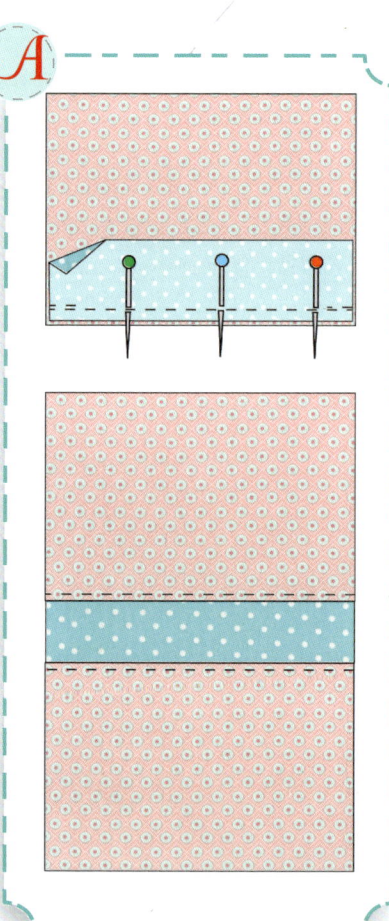

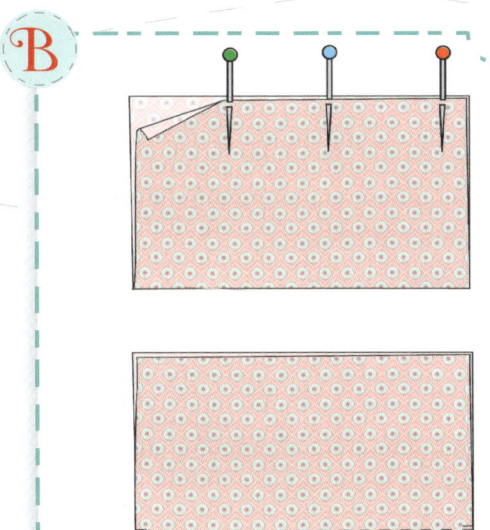

zu Abbildung B

4. Für die Innenseite der Handyclutch müssen die beiden Einschubtaschen, die du ebenfalls mit Vlieseline beklebt hast, vorgebügelt und abgesteppt werden. Dazu faltest du jeweils die beiden Stoffstücke links auf links und achtest darauf, dass alle äußeren Kanten genau aufeinander liegen.

5. Dann bügelst du die gefaltete Kante und steppst sie ungefähr 0,7 cm breit (füßchenbreit) ab.

zu Abbildung C

6. Nun legst du die Einschubtaschen deckungsgleich auf die Innenseite der Tasche, die gefalteten und abgesteppten Kanten zeigen dabei zur Mitte. Beide Taschen mit Nadeln fixieren und 1–2 mm breit auf dem inneren Schnittteil feststeppen.

7. Damit du die Clutch später auch zubinden kannst, legst du die beiden Kordeln exakt in die Mitte der Einschubtaschen und nähst sie ebenfalls fest.

43

Handyclutch

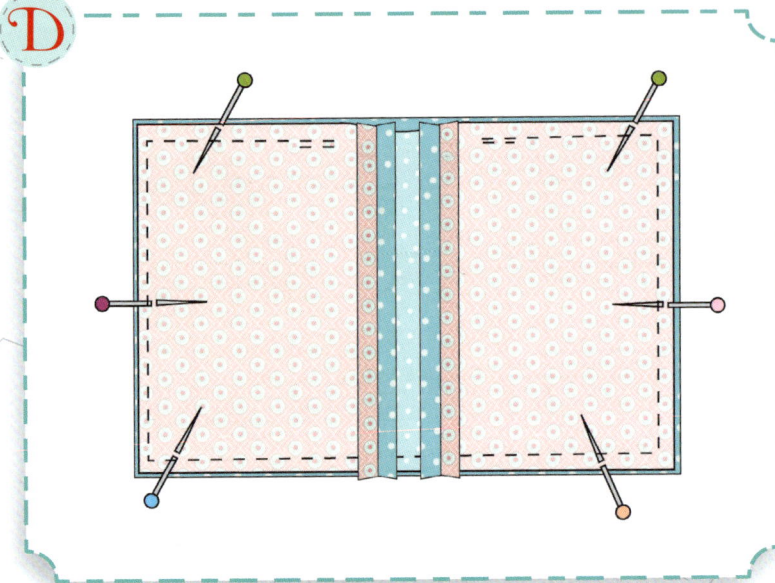

zu Abbildung D

8. Nachdem du nun die Außen- und Innenseite der Tasche fertiggestellt hast, werden diese Teile miteinander verstürzt. Dafür legst du sie mit den rechten Seiten aufeinander und steckst alle Kanten exakt mit Nadeln fest. Dann nähst du die Innen- und Außenseite der Clutch ringsum aufeinander, lässt aber die Naht an der oberen Kante 10 cm offen.

9. Anschließend schneidest du die Nahtzugaben auf 3–4 mm zurück und die Ecken schräg ab.

zu Abbildung E

10. Nach dem Verstürzen wendest du die Schnittteile durch die Öffnung und rollst die Nahtzugaben zwischen den Finger aus. Die Ecken drückst du mit einer Schere vorsichtig heraus, bevor du alle Kanten mit dem Bügeleisen flach bügelst.

Die Vorderseite der Handyclutch kannst du mit einer kleinen Rosette oder Blume schmücken, die mit einem Knopf festgenäht wird. Das Nähen der Rosette ist ganz einfach:

zu Abbildung F

11. Nähe die kurzen Seiten des Streifens so aufeinander, dass die rechten Stoffseiten aufeinanderliegen. Anschließend die Nahtzugaben auseinanderbügeln.

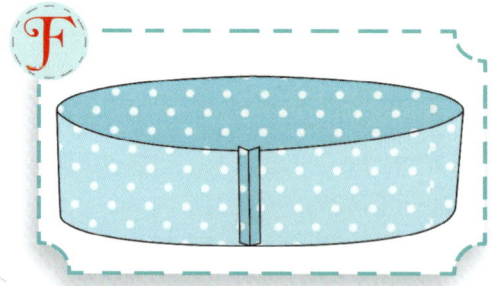

zu Abbildung G

12. Dann musst du den zum Ring zusammengenähten Stoffstreifen so falten, dass die linken Seiten und die Stoffkanten exakt aufeinanderliegen. Bügle die gefaltete Kante. Nun fädelst du das Knopflochgarn in eine dicke Nadel, legst den Faden doppelt und verknotest die Fadenenden.

13. Anschließend nähst du mit diesem Faden, ca. 0,5 cm von der unteren Stoffkante entfernt, die Kanten aufeinander und ziehst den Faden zum Schluss an beiden Enden so fest wie möglich zusammen.

zu Abbildung H

14. Die Fadenenden verknotest du, bevor du die Rosette samt Knopf auf die Vorderseite der Handyclutch aufnähst. Achte darauf, dass du die Rosette nur an der Innen- und Außenseite der Hülle und nicht am Einschubteil festnähst.

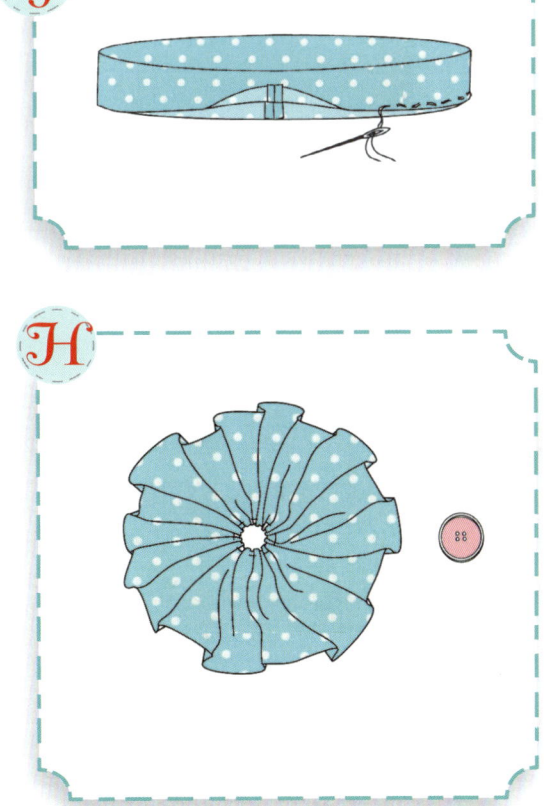

Schmuck-utensilo

Sicherlich besitzt du auch eine Menge Haarklemmen, Gummibänder, Spangen oder Haarreifen, die häufig unsortiert im Bad oder in deinem Zimmer herumliegen.
Mit diesem Utensilo, das du ganz schnell aus einer Filzplatte und drei Stoffstreifen nähen kannst, schaffst du Ordnung und hast das Chaos im Griff. Zum Aufhängen des Utensilos dient ein kleiner Metallring, hier ist es ein alter Gardinenring.

Alles im Griff

Werkzeug

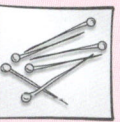 

Material

- Filzrechteck, 11 cm x 66 cm, 2–3 mm dick
- Baumwollstoff, 1,10 m x 10 cm
- Nähgarn
- Knopflochgarn
- Gardinenring
- Stopfnadel

Schmuckutensilo

Verarbeitung

Zunächst nähst du aus den Stoffstreifen drei Bänder. Am langen Band befestigst du später deine Haarklemmen, die beiden kurzen Bänder dienen zum Einfassen der kurzen Utensilokanten.

zu Abbildung A

1. Zum Verstürzen der Bänder faltest du den Stoffstreifen jeweils der Länge nach rechts auf rechts. Anschließend nähst du die langen Kanten aufeinander und schneidest die Nahtzugaben auf 0,5 cm zurück.

2. Dann fädelst du einen langen, doppelt gelegten Zwirn oder ein Knopflochgarn in eine dickere Stopfnadel und nähst den Faden an der Nahtzugabe einer kurzen Seite fest. Die Nadel schiebst du dann, mit dem Nadelöhr voran, durch den Stofftunnel. Durch vorsichtiges Ziehen am Faden wendest du den Stoffschlauch.

3. Zum Schluss bügelst du das verstürzte Band und steppst die langen Kanten knappkantig, also 1–2 mm breit, ab.

zu Abbildung B

4. Den langen Stoffstreifen nähst du zunächst nur an der oberen und unteren Kante des Filzstreifens fest. Da der Streifen länger ist als das Filzrechteck, teilst du ihn in drei Abschnitte ein. Steppe ihn an den Markierungen wie abgebildet fest.

48

Zuschnitt

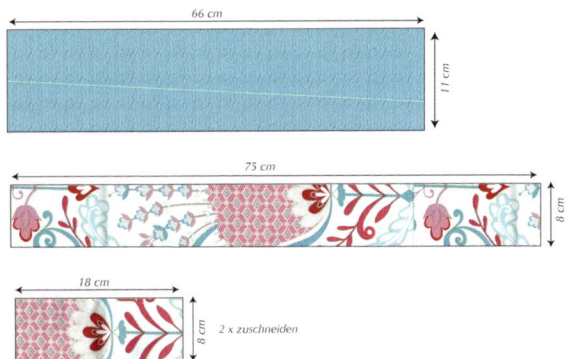

Aus Filz
1 x Filzrechteck: 11 cm x 66 cm, 2–3 mm dick

Aus Baumwollstoff
1 x Baumwollstoffstreifen: 8 cm x 75 cm
2 x Baumwollstoffstreifen: 8 cm x 18 cm

zu Abbildung C

5. Die beiden kurzen Stoffstreifen verstürzt du genauso wie das lange Band, bevor du sie dann an die obere und untere Kante des Filzteils nähst. Die überstehenden Enden faltest du noch vor dem Festnähen nach hinten.

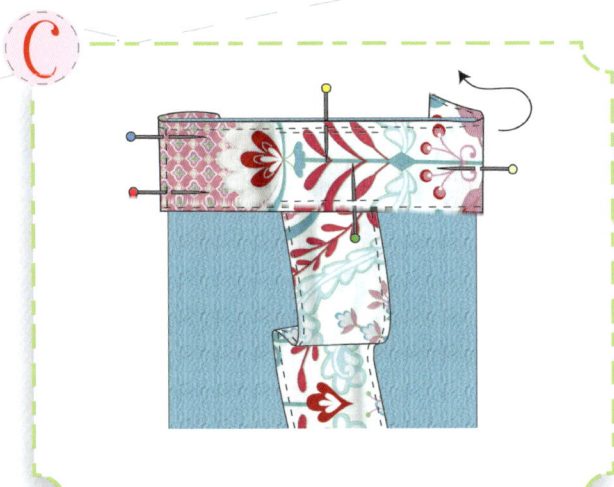

zu Abbildung D

6. Damit du das Utensilo aufhängen kannst, nähst du den Metallring mit einigen Handstichen an der Oberkante fest.

Beutel

Stauraum für Vielerlei

Diese farbenfrohen Säckchen kann wohl jeder gebrauchen und das Nähen ist auch nicht besonders schwer.
Wenn du sie dann noch an einen speziellen Hosenkleiderbügel klemmst, kannst du sie an Haken, Leisten und Schranktüren aufhängen. Der Holzbügel muss mit einer Säge etwas gekürzt werden. Dazu solltest du einen Erwachsenen um Hilfe bitten.

Material

- 2 Baumwollstoffe: je 35 cm x 62 cm
- Hosenkleiderbüge
- Nähgarn

Werkzeug

 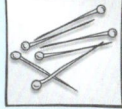

Beutel

Zuschnitt

Aus Baumwollstoff

1 x Innenbeutel: 35 cm x 62 cm
1 x Außenbeutel: 35 cm x 62 cm

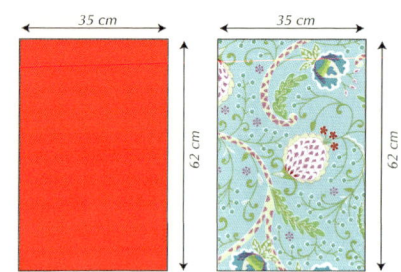

Verarbeitung

zu Abbildung A

1. Falte jedes Stoffstück quer durch die Mitte, die rechte Stoffseite liegt innen. Nähe beide langen Seiten aufeinander. Die Nahtzugaben bügelst du anschließend auseinander. Du solltest auch die untere Kante bügeln, da du die Bügelmarkierung für den nächsten Arbeitsgang benötigst.

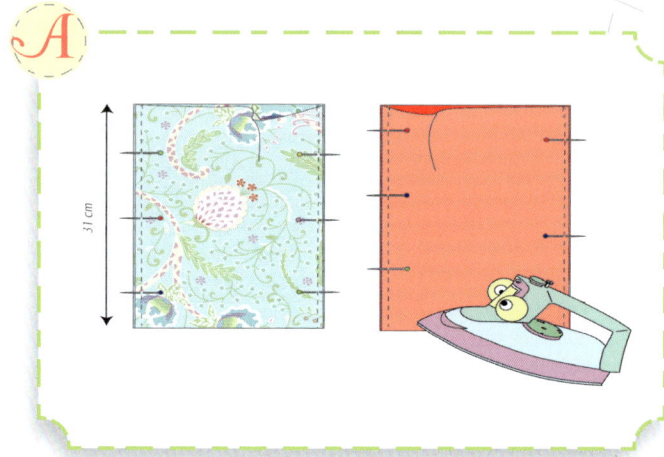

zu Abbildung B

2. Nun werden die Ecken der unteren Beutelkante abgenäht. Stecke dazu die eingebügelte Linie der unteren Beutelkante und die Seitennaht aufeinander. Die beiden rechten Stoffseiten liegen dabei wieder innen.
Zeichne dann mit einem Stück Kreide oder einem Bleistift eine 13 cm lange Linie quer über die Ecke. Nähe mit der Nähmaschine sorgfältig auf der Linie entlang. Diesen Arbeitsschritt führst du an allen vier Ecken, also am Innenbeutel und am Außenbeutel durch.

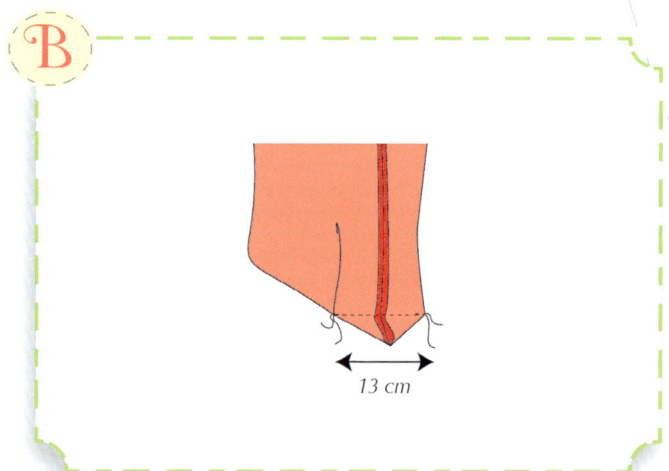

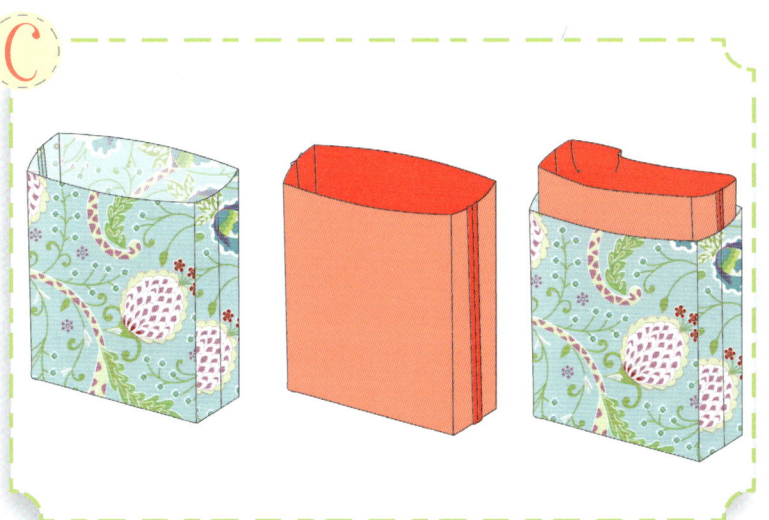

zu Abbildung C

3. Nachdem du alle Ecken abgenäht hast, wendest du den äußeren Beutel, so dass die rechte Seite außen liegt. Ziehe ihn dann über den Innenbeutel, die linken Stoffseiten liegen nun aufeinander.

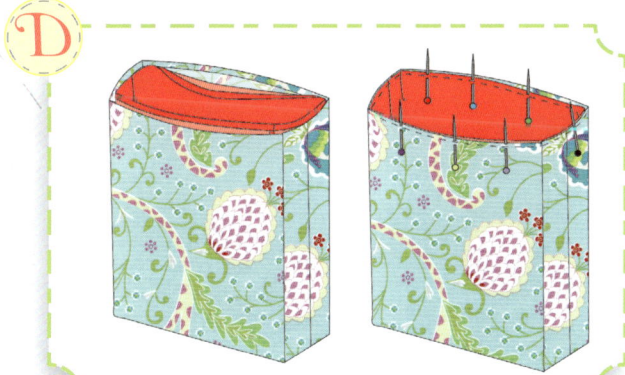

zu Abbildung D

4. Jetzt faltest du die obere Kante am Innen- und am Außenbeutel jeweils 1 cm breit nach innen und steppst die Kanten mit der Nähmaschine aufeinander fest.

zu Abbildung E

5. In einem weiteren Arbeitsschritt steppst du die beiden Beutel im Abstand von ca. 3 cm zur oberen Kante nochmals aufeinander fest. Hierzu kannst du dir mit Kreide eine dünne Linie vorzeichnen.

6. Bevor du die Hosenkleiderbügel mit einer Säge kürzt, solltest du die Breite des Innenbeutels unbedingt nochmals nachmessen! Der Bügel muss, wenn du exakt genäht hast, auf eine Länge zwischen 21 und 22 cm abgesägt werden. Hierbei sollte dir unbedingt ein Erwachsener helfen.

Ringbuchmäppchen

Platz für viele Stifte

In diesem Mäppchen, das du in ein Ringbuch heften kannst, finden viele Stifte, aber auch ein Geodreieck, Radiergummi, Notizzettel, Handy und auch ein kleiner Taschenrechner Platz. Geschlossen wird das Mäppchen durch zwei innen liegende Druckknöpfe, die du von Hand annähst. Durch besonders schöne Applikationen und ausgefallene Bänder kannst du einen einfarbigen Stoff aufpeppen.

Material
- 2 Baumwollstoffe: je 34 cm x 23 cm
- Vlieselinereste
- Druckknöpfe zum Annähen
- Zierband
- Applikation
- Nähgarn

Werkzeug

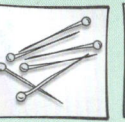 

Ringbuchtäschchen

Zuschnitt

Aus Baumwollstoff
1 x inneres Taschenteil: 34 cm x 23 cm
1 x äußeres Taschenteil: 34 cm x 23 cm

Aus Vlieseline
1 x Vlieseline: 34 cm x 23 cm

Sonstiges
2 Schlaufen: je 1 cm x 6 cm
1 Zierband: 1 cm x 23 cm

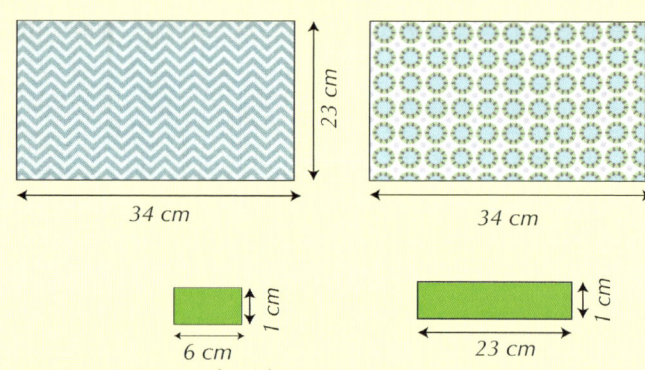

Verarbeitung

zu Abbildung A

1. Wenn du dich für einen dünnen Stoff entschieden hast, solltest du auf die linke Stoffseite des äußeren Taschenteils Vlieseline aufbügeln. Benutze dazu ein Bügeltuch.

zu Abbildung B

2. Anschließend nähst du auf die rechte Stoffseite des Außenteils das Zierband auf. Der Abstand zur oberen Kante beträgt 4 cm. Für die beiden Schlaufen faltest du jedes Band jeweils zur Hälfte und nähst es an die Unterkante, wie auf der Zeichnung dargestellt. Der Abstand der beiden Schlaufen beträgt 8 cm (Abstand der beiden Ringe im Ringbuch).

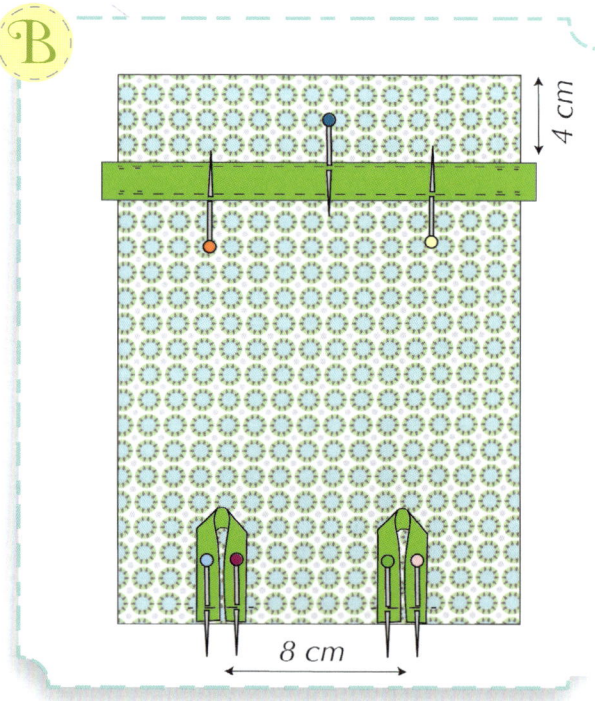

zu Abbildung C

3. Jetzt verstürzt du inneres und äußeres Taschenteil miteinander, indem du die beiden Teile aufeinandernähst. Die rechten Stoffseiten liegen innen. An einer langen Seite lässt du eine 10 cm breite Öffnung zum Wenden offen. Die Nahtzugaben schneidest du auf 0,5 cm zurück und die Ecken schräg ab. Anschließend wendest du die beiden Teile auf die rechte Seite und drückst die Ecken vorsichtig mit einer Schere heraus. Die Kanten bügelst du flach.

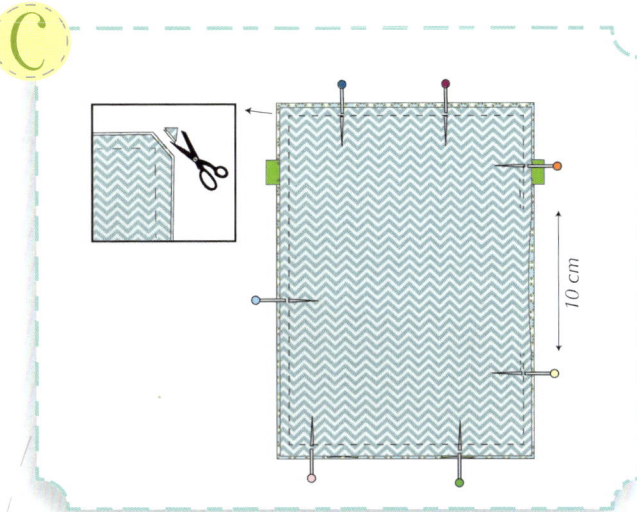

zu Abbildung D

4. Falte die Kanten der Wendeöffnung nach innen und nähe sie mit einigen Handstichen zu.

zu Abbildung E

5. Damit aus dem Stoffstück nun auch eine Tasche wird, faltest du es wie abgebildet und steckst es an den Seiten mit Nadeln fest, bevor du sie 2–3 mm breit festnähst. Nahtanfang und Nahtende gut verriegeln!

zu Abbildung F

6. Ganz zum Schluss nähst du die Druckknöpfe von Hand im Inneren der Tasche fest. Die Applikation nähst du ebenfalls von Hand, mittig auf das Zierband.

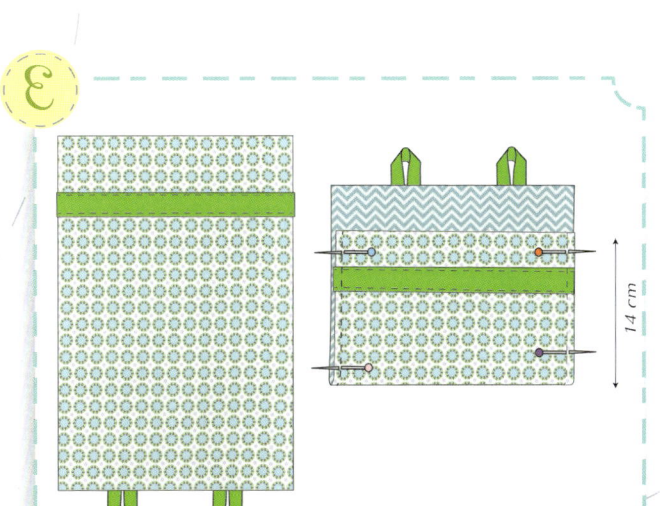

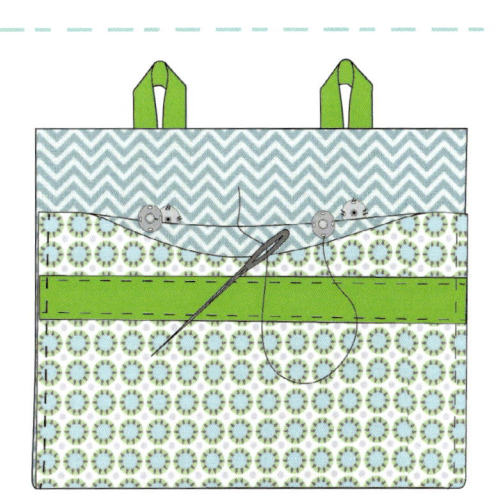

Nähübungen

Monsterutensilo

Nützliches Monster

Material
- Baumwollstoff: 1 m x 45 cm
- Vlieselinerest
- Vliesofix
- Filzreste
- Nähgarn
- Ast, ca. 40 cm
- Knopflochgarn

In dem kleinen Monster finden nicht nur schmutzige Socken ihren Platz.
Dieses Säckchen schluckt alles, was im Weg liegt und lässt dein Zimmer ganz schnell aufgeräumt aussehen.
Haare, Nase und Augen werden aus Filzresten zugeschnitten, die sich sicherlich in deiner Nähkiste finden lassen. Aufgehängt wird das Monster an einem kleinen Ast.

Werkzeug

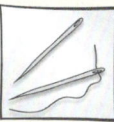 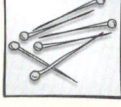

Zuschnitt

Aus Baumwolle und Vlieseline
1 x Rückseite: 30 cm x 41 cm
1 x Vorderseite/unten: 30 cm x 28 cm
1 x Vorderseite/oben: 30 cm x 23 cm
3 x Stoffschlaufen: 7 cm x 8 cm

Aus Filz
1 x Haare: 30 cm x 8 cm
1 x Nase: 12 cm x 9 cm

Aus Filz oder Stoffresten und Vliesofix:
2 x Augen/weiß: 6 cm x 6 cm
2 x Augen/schwarz: 4 cm x 4 cm

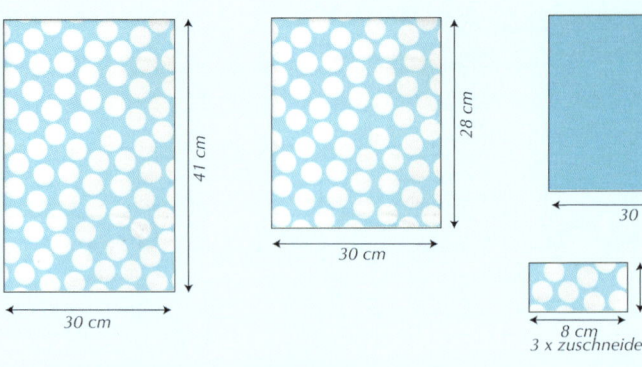
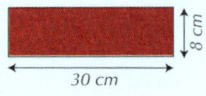
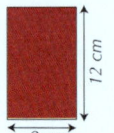
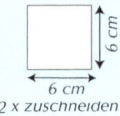
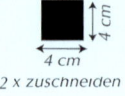

1. Schnittteil Nr. 6, Nr. 7 und Nr. 8 von Seite 94 und Seite 95 kopieren und ausschneiden.

2. Die Schnittmuster mit Nadeln auf das jeweilige Stoffstück stecken und zuschneiden.

3. Auf die linke Seite der Filz- oder Stoffreste für die Augen Vliesofix aufbügeln. Hierzu ein Bügeltuch benutzen. Anschließend die Schnittmuster auf das Trägerpapier auflegen und die Augen zuschneiden.

Verarbeitung

A

B

zu Abbildung A

1. Hast du dich für einen sehr dünnen Stoff entschieden, solltest du auf die linke Stoffseite der Vorder- und Rückenteile Vlieseline aufbügeln. Benutze dafür ein Bügeltuch.

zu Abbildung B

2. Zeichne auf den Filzstreifen eine Kreidelinie auf, die 2 cm von der oberen Kante entfernt liegt. Schneide dann Fransen im Abstand von 0,5 cm ein, das sind die Haare. Schneide bis an die markierte Linie.

zu Abbildung C

3. Im nächsten Arbeitsschritt schneidest du die Ecken des unteren Schnittteils rund ab. Für die Rundung lege einen kleinen Teller auf. Dann zeichnest du auf die linke Stoffseite eine Linie, die 5 cm von der oberen Kante entfernt ist. Diese Linie zeichnest du auch am oberen Schnittteil auf.

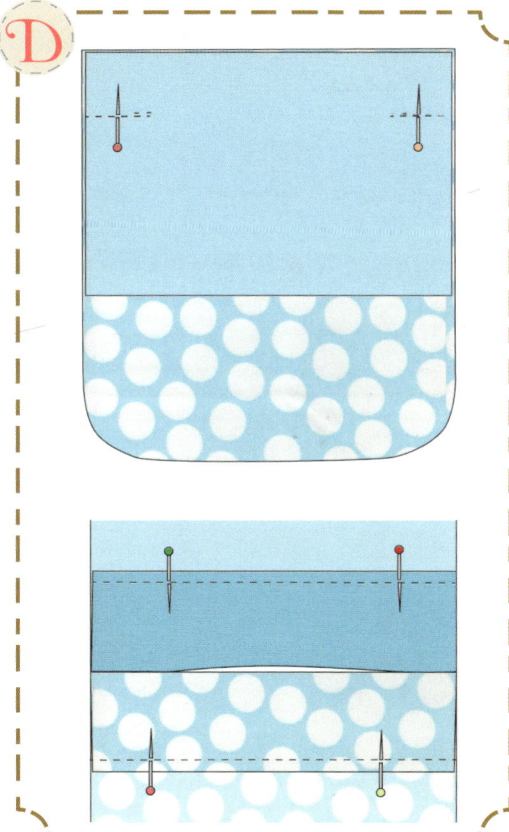

zu Abbildung D

4. Nähe die beiden Vorderteile entlang der eingezeichneten Linien zu beiden Seiten hin 6 cm breit aufeinander, die rechten Stoffseiten müssen innen liegen.

5. Bügle anschließend die breiten Nahtzugaben auseinander und steppe sie an den Kanten 4 cm breit ab.

zu Abbildung E

6. Stecke nun die „Haare" mit Nadeln an das obere Säckchenteil und nähe sie 2–3 mm breit fest. Falte die obere Kante der Nase 1 cm nach links und nähe sie in der Mitte des unteren Säckchens fest.

Monsterutensilo

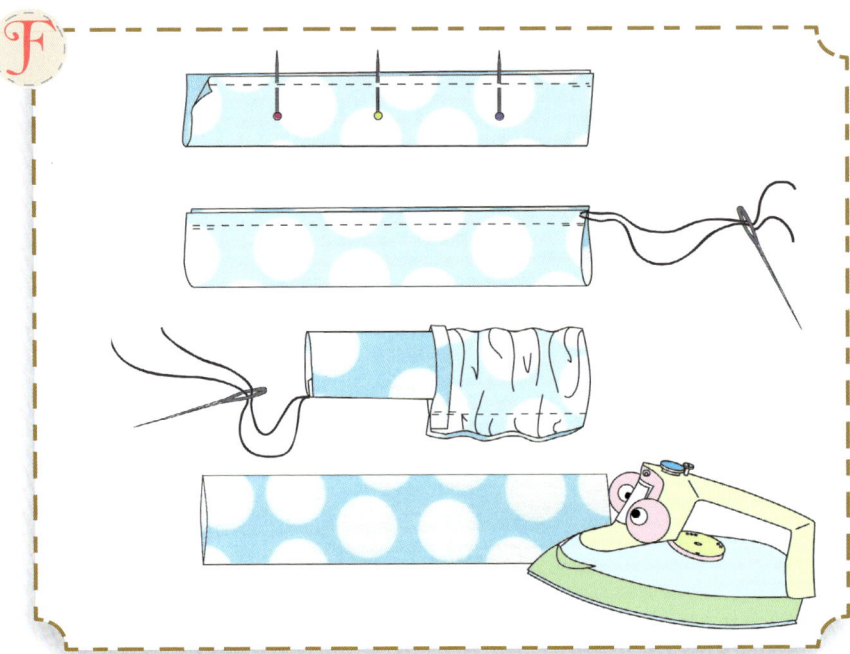

Zum Aufhängen des Säckchens benötigst du drei Schlaufen, die folgendermaßen genäht werden:

zu Abbildung F

7. Falte den Stoffstreifen jeweils so, dass die rechten Seiten innen liegen und nähe dann die langen Kanten 1 cm breit aufeinander. Schneide die Nahtzugaben anschließend auf 2–3 mm zurück.

8. Fädle dann einen Zwirn oder Knopflochgarn in eine dicke Stopfnadel und nähe den Faden an der Nahtzugabe einer kurzen Seite fest.

9. Schiebe die Nadel anschließend, mit dem Öhr voran, durch den Stofftunnel und wende die Schlaufe durch vorsichtiges Ziehen am Faden. Nach dem Wenden bügelst du die Kanten flach.

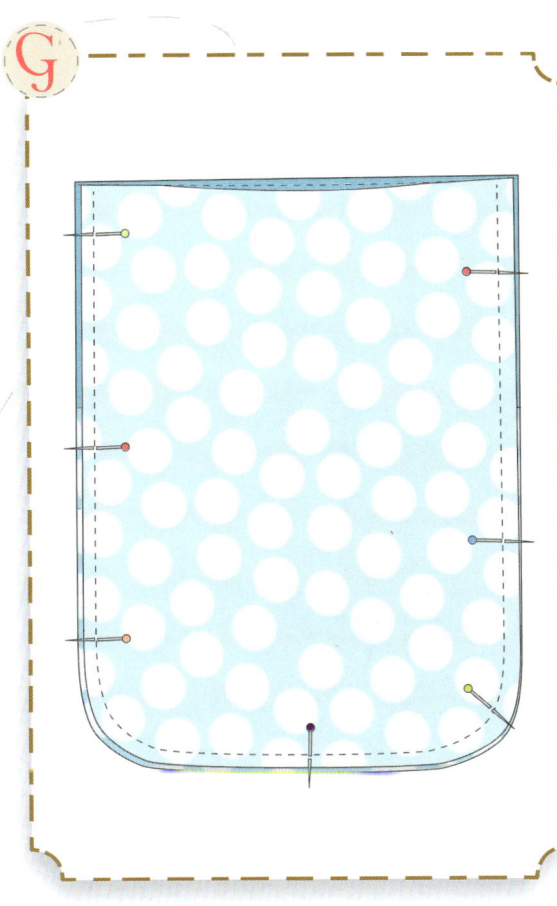

zu Abbildung G

10. Nachdem du die Vorderseite fertiggestellt hast, rundest du nun auch die unteren Ecken der Rückseite ab. Im Anschluss daran nähst du beide Schnittteile aufeinander, die rechten Stoffseiten liegen wieder innen. Anschließend schneidest du die Nahtzugaben auf 0,5 cm zurück und an den Rundungen vorsichtig ein. Jetzt wendest das Utensilo auf die rechte Seite und bügelst auch diese Kanten wieder vorsichtig flach.

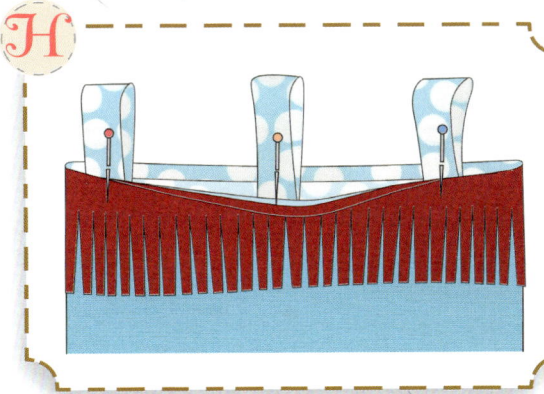

zu Abbildung H

11. Bügle jetzt die Nahtzugaben entlang der oberen Kante 1 cm nach links um und stecke die drei Schlaufen, die du vorher zur Hälfte gefaltet hast, an der hinteren Nahtzugabe fest.

zu Abbildung I

12. Steppe anschließend die oberen Kanten aufeinander und bügle zum Schluss die Augen auf. Das Trägerpapier des Vliesofix musst du vorher entfernen. Wenn du kein Vliesofix zur Hand hast, kannst du die Augen natürlich auch mit der Hand aufnähen oder aufkleben.

Sofatasche

Immer einsatzbereit

Um Bücher, Kuscheltiere oder anderen Schnick-Schnack zu verstauen, eignet sich eine solche Sofatasche besonders gut.
Eigentlich besteht sie aus nur vier rechteckigen Stoffteilen, die miteinander verstürzt werden.
Die fertige Tasche wird dann zwischen die Armlehne und dem Sitzpolster eingeklemmt oder du nähst Klettband an die unteren Taschenkanten.

Material

- Baumwollstoff: 1,30 m x 85 cm
- Nähgarn
- eventuell Klettband

Werkzeug

 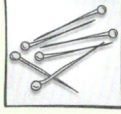

Sofatasche

Zuschnitt

Aus Baumwollstoff und Vlieseline
1 x Vorderseite: 45 cm x 80 cm
1 x Rückseite: 45 cm x 80 cm

Aus Baumwollstoff
1 x großes Taschenteil : 29 cm x 45 cm
1 x Streifen zum Einfassen/gr. Tasche: 45 cm x 9 cm
1 x kleines Taschenteil: 17 cm x 16 cm
1 x Streifen zum Einfassen/kl. Tasche: 9 cm x 16 cm

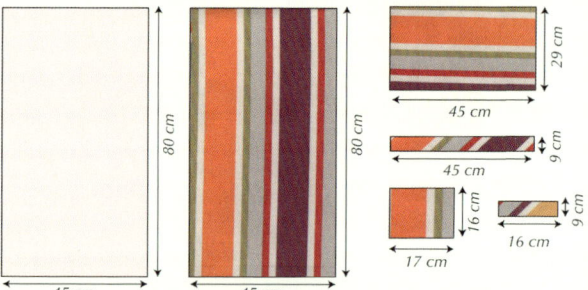

Wenn du einen gestreiften Stoff verwendest, kannst du ihn in Längs- oder in Querrichtung zuschneiden. Zum Einfassen der Taschenkanten eignen sich auch Stoffstreifen, die du schräg zuschneidest. Durch den unterschiedlichen Streifenverlauf erzielst du einen tollen Effekt.

Verarbeitung

zu Abbildung A

1. Auf die linke Seite der beiden großen Stoffteile sollte unbedingt Vlieseline aufgebügelt werden. Benutze dafür ein Bügeltuch.

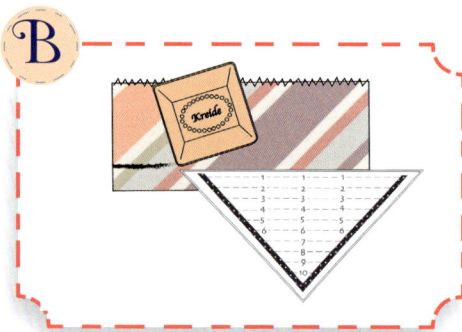

zu Abbildung B

2. Versäubere jeweils eine lange Kante der beiden Einfassstreifen mit einem Zick-Zack-Stich. Zeichne dir dann auf die linke Stoffseite der gegenüberliegenden Kante eine Linie auf, die 2 cm von der oberen Kante entfernt liegt.

zu Abbildung C

3. Lege anschließend den Einfassstreifen auf die kleine Tasche, die rechten Stoffseiten liegen innen. Nähe dann die beiden Teile entlang der aufgezeichneten Linie aufeinander.

4. Nach dem Nähen faltest du den Streifen um die Stoffkante herum nach hinten, bügelst die Naht flach, bevor du sie 1–2 mm breit von vorne feststeppst.

5. Nach dem Einfassen bügelst du alle übrigen Kanten 1 cm nach links um.

6. Fasse die obere Kante der großen Tasche ebenso ein.

zu Abbildung D

7. Nun nähst du die kleine Tasche mittig auf die große Tasche. Der Abstand zur oberen Kante beträgt 5 cm. Nahtanfang und -ende solltest du sehr sorgfältig verriegeln.

zu Abbildung E

8. Nach dem Aufnähen der kleinen Tasche steckst du das große Taschenteil kantengleich auf die Vorderseite der Sofatasche und nähst es an den Seiten und der Unterkante 1–2 mm breit fest.

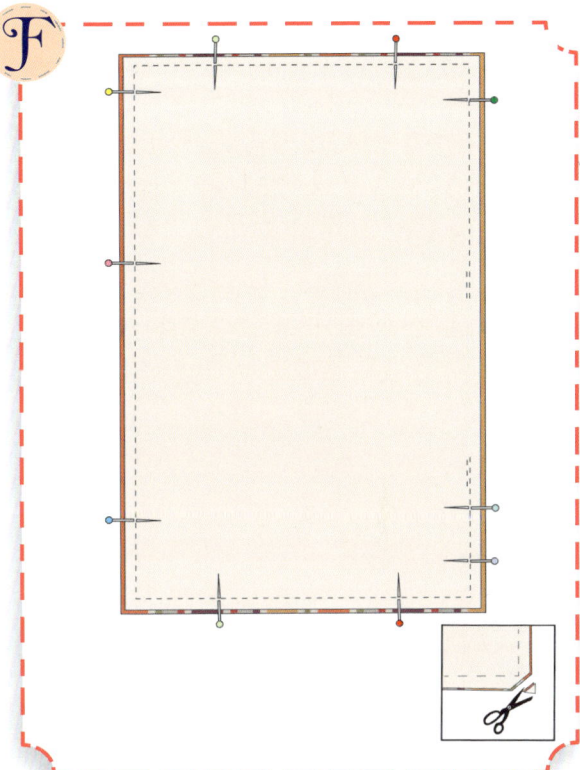

zu Abbildung F

9. Im nächsten Arbeitsschritt nähst du Vorder- und Rückseite der Sofatasche rechts auf rechts aufeinander, lässt an der Seite aber eine 20 cm lange Öffnung zum Wenden offen. Die Ecken schneidest du vor dem Wenden schräg ab. Nachdem du die Tasche auf die rechte Stoffseite gezogen hast, bügelst du alle Kanten flach und drückst die Ecken vorsichtig mit einer Schere heraus.

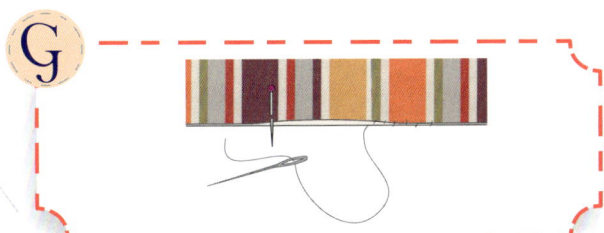

zu Abbildung G

10. Die Öffnung nähst du mit einigen Handstichen zu.

Je nach Beschaffenheit deines Sofas, schiebst du eine Seite der Tasche unter das Sitzpolster oder du nähst an diese Seite einen Klettverschluss. Der andere Klettstreifen wird an die Innenseite des Sofas geklebt.

Wäschebeutel

Auf Reisen immer dabei

Diesen Beutel kannst du auch als Anfänger schnell selbst nähen. Du kannst ihn als Wäschebeutel oder als Turnbeutel benutzen.
An der oberen Kante wird ein sogenannter Tunnel eingearbeitet, durch den du zwei Kordeln einziehst.
Den Beutel kannst du in zwei verschiedenen Größen nähen. Wenn es ein Turnbeutel werden soll, nähst du besser den größeren.
Großer Beutel: 27 cm x 38 cm
Kleiner Beutel: 22 cm x 29 cm

Material

- Baumwollstoff: 65 cm x 47 cm/ 55 cm x 40 cm
- Kordel: 1,50 m/1,30 m
- Nähgarn

Werkzeug

 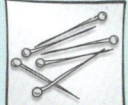

Zuschnitt

Aus Baumwollstoff
Großer Beutel
2 x Beutelteil: 29 cm x 45 cm

Kleiner Beutel
2 x Beutelteil: 24 cm x 36 cm

Sonstiges
Kordeln/Großer Beutel: 2 x 70 cm
Kordeln/Kleiner Beutel: 2 x 60 cm

45 cm
29 cm
2 x zuschneiden

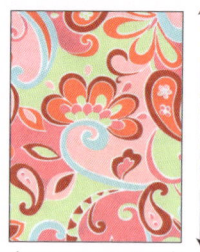

36 cm
24 cm
2 x zuschneiden

Verarbeitung

zu Abbildung A

1. Zeichne auf die linke Stoffseite beider Beutelteile eine Linie, die 14 cm unterhalb der oberen Stoffkante liegt. Benutze zum Anzeichnen ein Stück Kreide und ein Maßband, sowie ein Geodreieck.

A

14 cm

zu Abbildung B

2. Zum Nähen des Kordeldurchzugs bügelst du zunächst die obere Stoffkante exakt bis zu dieser Linie um.

B

7 cm

zu Abbildung C

3. Anschließend faltest du die vorgebügelte Kante wieder auf und steckst vorderes und rückwärtiges Beutelteil deckungsgleich aufeinander. Die rechten Stoffseiten liegen innen.

4. Nun nähst du die beiden Beutelteile zunächst 11 cm weit aufeinander, lässt dann für den Kordeldurchzug an der rechten Seite eine 1,5 cm lange Öffnung, bevor du den Rest laut Zeichnung nachnähst. Lasse an den Ecken die Nadel im Stoff und drehe den Beutel. Auch auf der gegenüberliegenden Seite lässt du 1,5 cm der Naht für die Kordel offen. Nahtanfang und -ende solltest du stets sorgfältig verriegeln und die Nahtzugaben auseinanderbügeln.

zu Abbildung D

5. Jetzt faltest du die umgebügelte Kante wieder links auf links und zeichnest dir ober- und unterhalb der Tunnelöffnung zwei weitere Linien an. Entlang dieser Markierungen nähst du die beiden Stofflagen aufeinander. So entsteht der Kordeldurchzug. Jetzt wendest du den Beutel auf rechts.

zu Abbildung E

6. Im letzten Arbeitsschritt ziehst du mit Hilfe einer Sicherheitsnadel die zwei Kordeln in die seitlichen Öffnungen ein. Beachte, dass du mit dem Einziehen immer an einer Seite beginnst und das Ende der Kordel auch an dieser Seite wieder herausführst. Die zweite Kordel ziehst du durch den gegenüberliegenden Schlitz ein. Die Enden verknotest du.

Kosmetikbeutel

Platz für deine Kosmetik

Nicht nur für Flugreisen sind diese Kosmetikbeutel mit dem durchsichtigen Beutelteil aus Folie der Renner. Auch bei anderen Gelegenheiten werden sie dir gute Dienste leisten.

Bei der durchsichtigen Folie handelt es sich um Tischdeckenfolie, die du am laufenden Meter kaufen kannst. Du findest das Material in großen Stoffgeschäften, aber auch in Läden, die Gartentischdecken verkaufen.

Werkzeug

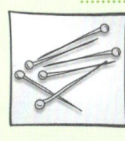 

Material

- Tischdeckenfolie: 32 cm x 20 cm
- Baumwollstoff: 30 cm x 22 cm
- Kunststoffreißverschluss: 22 cm
- Nähgarn

Zuschnitt

Aus Folie
1 x Beutelteil/Folie: 20 cm x 32 cm

Aus Baumwollstoff
1 x Verschlussblende: 20 cm x 20 cm
1 x Verschlussblende: 20 cm x 8 cm

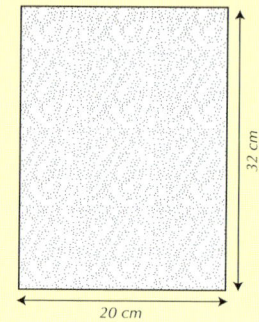

Verarbeitung

In der Materialauflistung ist ein Reißverschluss angegeben, der etwas länger ist als die dafür vorgesehene Öffnung. Dies ist beabsichtigt, da er vor dem Zusammennähen der Seitennähte auf die tatsächliche Länge gekürzt und somit exakt auf die Breite des Kosmetikbeutels abgestimmt wird. Dies funktioniert aber nur bei dünnen Kunststoffreißverschlüssen.
Bitte verwende keinen Metallreißverschluss!

Tipp

Bei der Verarbeitung der Folie solltest du zwei Dinge beachten:

1. Falls du die Schnittteile mit Nadeln zusammensteckst, solltest du es an Stellen tun, die später nicht sichtbar sind.

2. Sollte deine Folie nach dem Nähen und Wenden sehr zerknittert sein, kannst du die Knicke mit einem Fön etwas glätten.

zu Abbildung A

1. Wenn du dich für einen sehr dünnen Baumwollstoff entschieden hast, musst du auf die linke Stoffseite der Blenden dünne Vlieseline aufbügeln. Verwende dazu ein Bügeltuch.

zu Abbildung B

2. Zeichne an den beiden 20 cm langen Seiten der Reißverschlussblenden mit Hilfe eines Lineals und Kreide eine Linie, die 2 cm von der Kante entfernt liegt.

3. Bügle die Stoffkante anschließend bis zu dieser Markierung um.

4. Dann faltest und bügelst du die Blende links auf links.

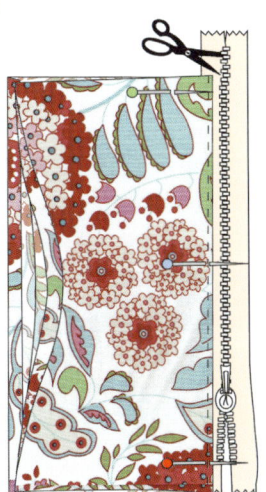

zu Abbildung C

5. Den Reißverschluss legst du nun exakt unter die umgebügelte Kante eines Blendenteils und steckst ihn mit Nadeln fest. Die Zähnchen des Reißverschlusses liegen nur 1–2 mm von der Stoffkante entfernt. Damit du leichter nähen kannst, solltest du den Reißverschluss mit einem doppelt gelegten Nähgarnfaden oder einem Heftfaden zuvor von Hand festheften.

6. Setze dann das Reißverschlussfüßchen deiner Nähmaschine ein. Mit diesem Spezialfuß gelingt dir das exakte Festnähen leichter. Schaue eventuell in deinem Nähmaschinenhandbuch nach, wie er eingesetzt wird.

Nähe nun den Reißverschluss mit der Nähmaschine fest, bevor du ihn auf die endgültige Länge kürzt. Benutze dafür eine alte Schere, keine Stoffschere! Nähe dann die zweite Stoffkante an die andere Kante des Reißverschlusses.

7. Mit einem doppelt gelegten Nähgarnfaden nähst du am abgeschnittenen Ende des Reißverschlusses von Hand einen kleinen Riegel, damit der Zipper nicht herunterrutschen kann. Den Heftfaden entfernst du nun wieder.

zu Abbildung D

8. Nachdem du nun den Reißverschluss eingenäht hast, schiebst du die Folie 1 cm weit zwischen die umgebügelten Nahtzugaben der Reißverschlussblenden und steppst sie 1–2 mm breit fest. Zum einfacheren Festnähen kannst du den Reißverschluss öffnen.

zu Abbildung E

9. Ganz zum Schluss werden die beiden Seitennähte des Beutels geschlossen. Falte den Kosmetikbeutel so, dass die Außenkanten und die Reißverschlussblenden deckungsgleich aufeinanderliegen. Der Reißverschluss sollte zum Wenden geöffnet sein. Nach dem Aufeinandersteppen musst du den Beutel auf die Vorderseite wenden und die Ecken vorsichtig mit einer Schere herausdrücken.

Handyladetäschchen

Hängende Ladestation

Material

- Baumwollstoff: 55 cm x 21 cm
- stabiler Papprest
- Bänder, Litzen
- Applikation
- Nähgarn

Werkzeug

Mit dieser kleinen Tasche kannst du dein Handy immer und überall aufladen, ohne dass es auf dem Fußboden herumliegt oder von einem Schränkchen herunterfällt, weil das Ladekabel mal wieder zu kurz ist. Dank der Schlaufe an der oberen Kante lässt es sich sicher und bequem an jedem Stecker aufhängen.
Die Rückseite wird durch Pappe stabilisiert, die Vorderseite peppst du durch Applikationen, Bänder und Litzen auf.

Handyladetäschchen

Zuschnitt

Aus Baumwollstoff und Vlieseline
2 x Rückseite: 13 cm x 19 cm
2 x Taschenteil: 13 cm x 14 cm

Aus Pappe
1 x Rückseite: 10 cm x 16 cm (Grobmaß)
1 x Band zum Aufhängen: 17 cm

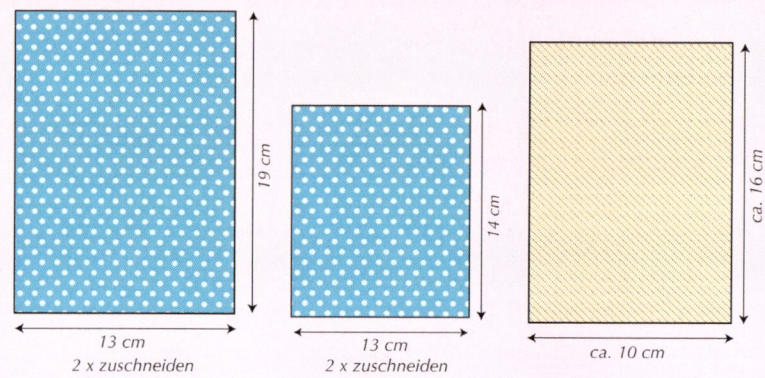

13 cm
2 x zuschneiden

13 cm
2 x zuschneiden

ca. 10 cm

19 cm

14 cm

ca. 16 cm

Verarbeitung

A

zu Abbildung A

1. Auf die linke Stoffseite **einer** Rückseite und **eines** Taschenteils bügelst du Vlieseline auf. Benutze dazu ein Bügeltuch.

B

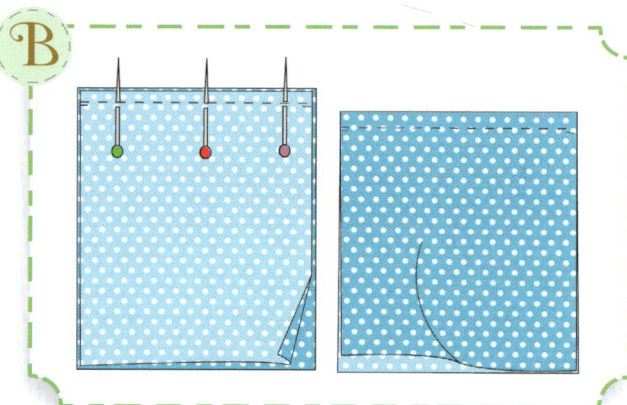

zu Abbildung B

2. Die beiden Taschenteile steckst du nun so aufeinander, dass die rechten Seiten innen liegen. Dann nähst du die oberen Kanten aufeinander, wendest sie auf die Vorderseite, bügelst die Kante und steppst sie ungefähr 1 cm breit ab.

zu Abbildung C

3. Nun kannst du die Vorderseite nach deinen Wünschen gestalten. Nähe Bänder und Applikationen auf.

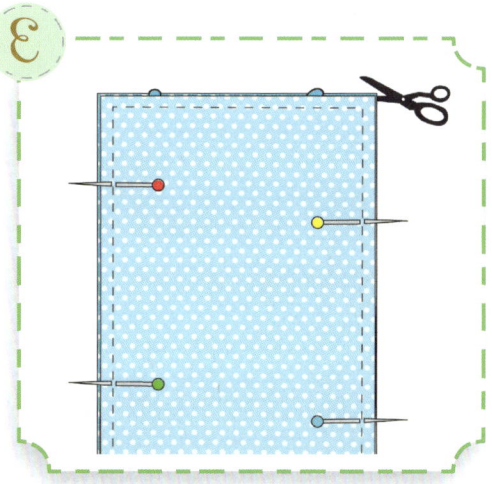

zu Abbildung E

zu Abbildung D

4. Nachdem du das Taschenteil fertiggestellt hast, steckst du es deckungsgleich auf die mit Vlieseline beklebte Rückseite. Steppe die Seitenkanten 1–2 mm breit aufeinander. Steppe außerdem das Aufhängeband, jeweils 3,5 cm von den Seiten entfernt, an die obere Kante der Rückseite.

5. Jetzt legst du die beiden Rückseiten so aufeinander, dass die rechten Seiten innen liegen. Dann steppst du die obere und die beiden seitlichen Kanten aufeinander, die untere Kante bleibt offen.

6. Nach dem Nähen schneidest du die Nahtzugaben an den Ecken schräg ab, wendest die Schnittteile auf die rechte Seite, drückst die Ecken mit einer Schere heraus und bügelst die Kanten.

Handyladetäschchen

zu Abbildung F

7. Nach dem Wenden der Hülle faltest du die Nahtzugaben an der unteren Kante 1 cm weit nach innen.

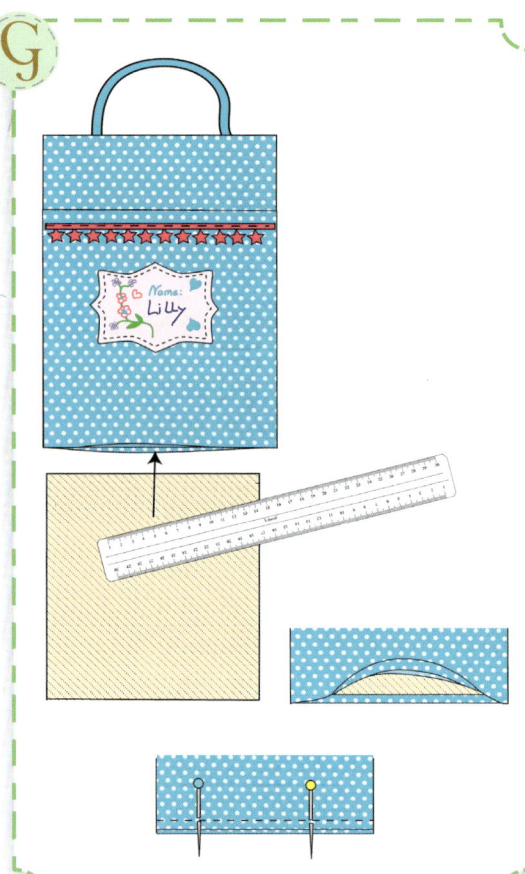

zu Abbildung G

8. Damit die Ladehülle schön stabil wird, misst du nun die tatsächliche Länge und Breite der Hülle und schneidest dann die Pappe insgesamt 0,5 cm schmaler und 1 cm kürzer zu. Wahrscheinlich musst du durch Probieren und mehrmaliges Hineinstecken immer wieder kleine Korrekturen vornehmen, bis die Pappe exakt passt.

9. Wenn die Pappe nun korrekt sitzt und du sie zwischen die beiden Stofflagen geschoben hast, nähst du als letzten Arbeitsschritt die untere Kante zu (hier liegt keine Pappe). Du kannst den Schlitz von Hand oder mit der Maschine zunähen.

Fuchskissen

Kuscheltier & Kissen zugleich

Dieser kleine Fuchs ist eine Kombination aus Kuscheltier und Kissen und wird sich sicherlich auch auf deinem Bett oder Sofa gut machen.
Für dieses Projekt solltest du ein wenig Näherfahrung mitbringen und an deiner Nähmaschine sollte sich ein Zick-Zack-Stich einstellen lassen, denn Augen, Schnauze und Ohren sind aus Filz und werden aufappliziert.

Material

- oranger Baumwollstoff: 60 cm x 40 cm
- weißer Baumwollstoff: 30 cm x 16 cm
- Filzreste
- Vliesofix
- Füllwatte
- Nähgarn

Werkzeug

 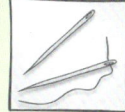

Fuchskissen

Zuschnitt

Vor dem Zuschneiden der Stoffe musst du das obere und untere Kissenschnittteil (Nr. 13/1 und Nr. 13/2, Seite 94 und 95) aus Papier zusammensetzen. Klebe dazu einen schmalen Papierstreifen unter die beiden Schnittteile.

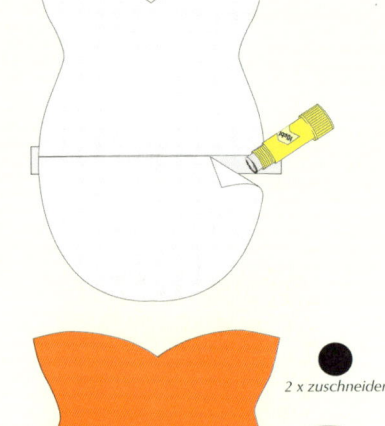

Aus Baumwollstoff

1 x Vorderseite: 28 cm x 40 cm

1 x Rückseite: 28 cm x 40 cm

2 x Gesicht: 15 cm x 15 cm

Aus Filz und Vliesofix

1 x Schnauze

2 x Ohr

2 x Auge

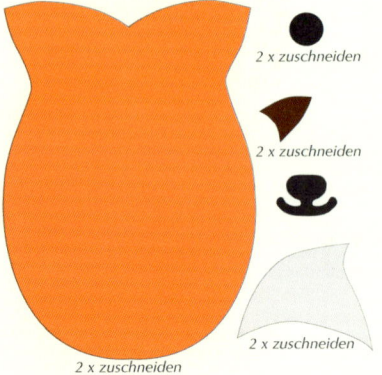

1. Schnittteile Nr. 9 bis Nr. 13 von den Seiten 94 und 95 kopieren und ausschneiden.

2. Die Schnittmuster mit Nadeln auf den Filzrest und auf den Baumwollstoff stecken und laut Beschriftung zuschneiden.

Verarbeitung

zu Abbildung A

1. Damit das Aufnähen von Gesicht, Augen, Ohren und der Schnauze einfacher wird, kann man auf die linke Stoffseite dieser Schnittteile Vliesofix aufbügeln. Hierbei handelt es sich um ein Klebevlies mit einem Trägerpapier. Schneide deshalb diese Teile zunächst nur grob zu und beklebe sie auf der linken Seite mit Vliesofix. Benutze dafür unbedingt ein Bügeltuch.

zu Abbildung B

2. Nachdem du nun das Vliesofix auf die entsprechenden Teile aufgebügelt hast, schneidest du die Teile exakt zu. Dann ziehst du das Trägerpapier ab und bügelst zunächst nur die Gesichtsteile auf die vordere Kissenseite auf. Beachte die Lage der beiden Teile und kontrolliere sie anhand des Schnittmusters. Anschließend nähst du das Gesicht mit einem kleinen und dicht eingestellten Zick-Zack-Stich entlang der Kanten auf.

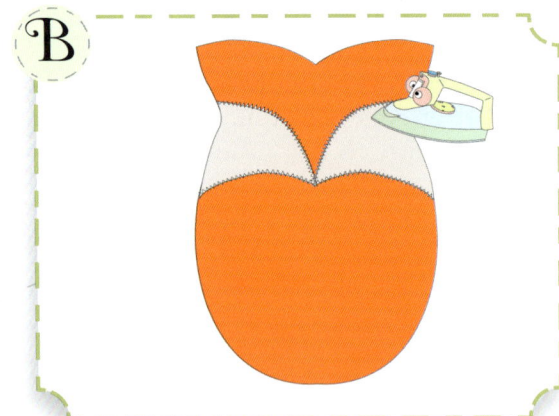

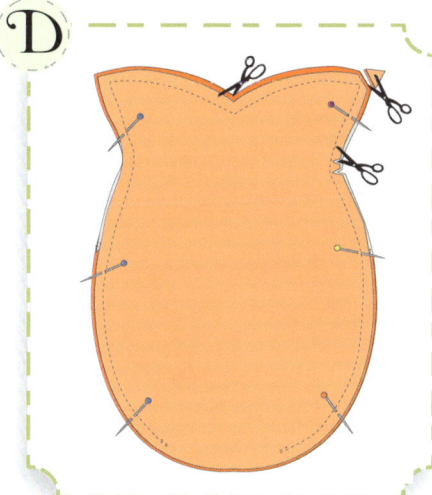

zu Abbildung C

3. Nachdem du das Gesicht aufgenäht hast, bügelst du ebenfalls Schnauze, Ohren und Augen auf. Benutze dazu ein Bügeltuch. Diese Schnittteile aus Filz kannst du anschließend mit einem kurzen Geradstich oder Zick-Zack-Stich aufnähen.

zu Abbildung D

4. Jetzt legst du vorderes und hinteres Kissenteil so aufeinander, dass die rechten Stoffseiten innen liegen. Stecke die Teile ringsum mit Nadeln fest und nähe die beiden Schnittteile aufeinander, nur an der unteren Kante lässt du eine Öffnung von ca. 15 cm frei.

5. Schneide nach dem Nähen die Nahtzugaben an den Kanten auf 0,5 cm zurück, die Rundungen ein und die Ecken schräg ab.

6. Nun musst du das Kissen durch die Öffnung nach außen wenden und die Ecken und Rundungen mit einer Schere vorsichtig herausdrücken, bevor du die Kanten mit einem Bügeleisen flach bügelst.

zu Abbildung E

7. Um das Kissen komplett fertigzustellen, füllst du es mit Watte und nähst die untere Kante mit einigen Handstichen zu.

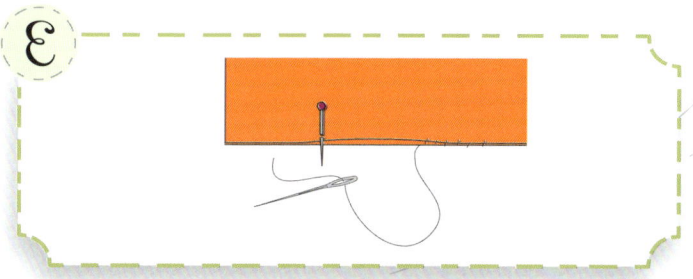

Lenker-tasche

Diese kleine Lenkertasche wurde aus einer alten Einkaufstasche, einem kleinen Stoffrest, sowie einigen Litzen und Bändern genäht. Sie wird durch zwei kleine Klettverschlussstreifen am Lenker befestigt und kann dadurch schnell abgenommen werden.

Die verwendete Einkaufstasche besteht aus einer stabilen und nahezu reißfesten Kunstfaser, die du sicherlich aus großen Möbelgeschäften kennst. Du kannst sie mit farbenfrohen Mustern in vielen Geschäften, Dekoläden und Möbelhäusern kaufen.

Kleiner Einkaufshelfer

Material

- Baumwollstoff: 57 cm x 37 cm
- Einkaufstasche (Kunstfaser): 57 cm x 37 cm
- Vlieseline: 57 cm x 37 cm
- 2 x Gurtband: 2,5 cm x 20 cm
- 2 x Klettband: 2,5 cm x 9 cm
- 1 x Zackenlitze: 55 cm
- 1 x Rüschenlitze: 55 cm
- Nähgarn

Werkzeug

Zuschnitt

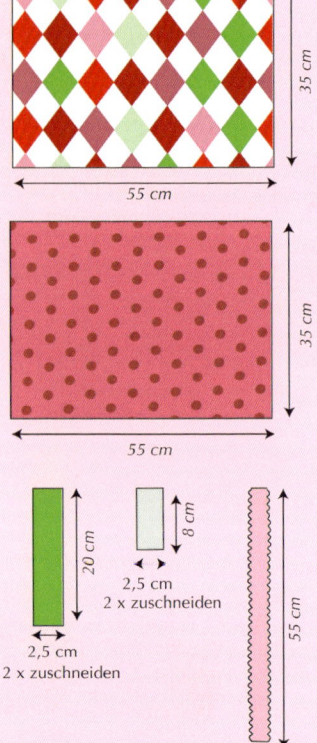

Aus Baumwollstoff und Vlieseline
1 x inneres Taschenteil:
55 cm x 35 cm

Aus Kunstfaser
1 x äußeres Taschenteil:
55 cm x 35 cm

Sonstiges
2 x Gurtband: 2,5 cm x 20 cm
2 x Klettband : 2,5 cm x 8 cm
1 x Rüschenlitze: 55 cm
1 x Zackenlitze: 55 cm

Verarbeitung

zu Abbildung A

1. Nach dem Zuschneiden solltest du auf die linke Stoffseite der Innentasche (aus Stoff) Vlieseline aufbügeln. Das macht sie noch stabiler. Verwende ein Bügeltuch.

zu Abbildung B

2. Dann faltest du jeweils Innen- und Außentasche wie ein Heft, so dass die rechten Seiten innen liegen. Anschließend nähst du die Unterkante und die offene Seitenkante aufeinander, bei der Innentasche aus Stoff schließt du aber zunächst nur 10 cm der Naht, lässt dann 15 cm offen (Öffnung zum Wenden), bevor du den Rest der Seitennaht nähst. Bei der Innentasche aus Stoff kannst du die Nahtzugaben auseinanderbügeln. Die Kunstfaser sollte nicht direkt mit dem Bügeleisen in Kontakt kommen, das Material könnte schmelzen.

zu Abbildung C

3. Nun musst du an der Innen- und Außentasche die Ecken abnähen. Da du nur eine Seitennaht hast, markierst du dir auf der anderen Seite den Nahtverlauf, indem du die Linie mit dem Fingernagel „einritzt" oder du machst einen dünnen Kreidestrich.

4. Die Ecken werden nun folgendermaßen abgenäht:
Du legst die Seitennaht und die Naht an der unteren Kante der Lenkertasche so aufeinander, dass die rechten Seiten innen liegen. Dann steckst du die beiden Nähte mit Nadeln aufeinander fest und zeichnest dir mit einem Geodreieck eine 10 cm lange Linie im rechten Winkel zur Seitennaht quer über die Ecke. Entlang der eingezeichneten Linie steppst du dann die Ecke ab. Die zweite Ecke arbeitest du genauso, hier steckst du den Stoffbruch auf die untere Naht.

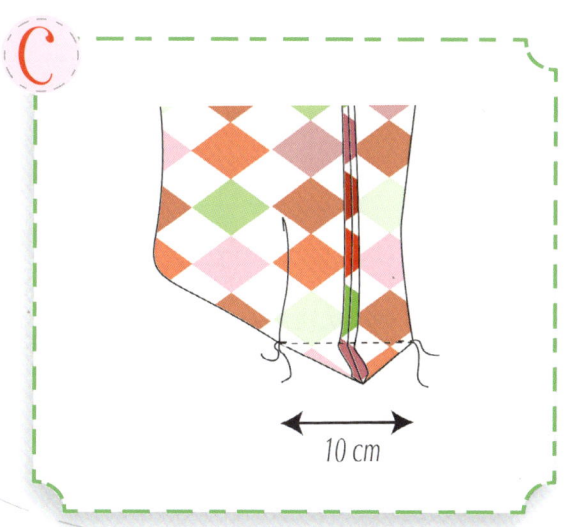

Lenkertasche

5. Nachdem du nun die Ecken abgenäht hast, werden die beiden Taschenteile entlang der oberen Kante zusammengenäht.

zu Abbildung D

6. Dazu schiebst du Innen- und Außentasche ineinander, die beiden rechten Seiten liegen innen.

zu Abbildung E

7. Dann steckst du die oberen Kanten mit Nadeln fest und nähst sie aufeinander. Durch die Öffnung an der Innenseite wendest du die Tasche und nähst die Öffnung anschließend mit einigen Handstichen zu.

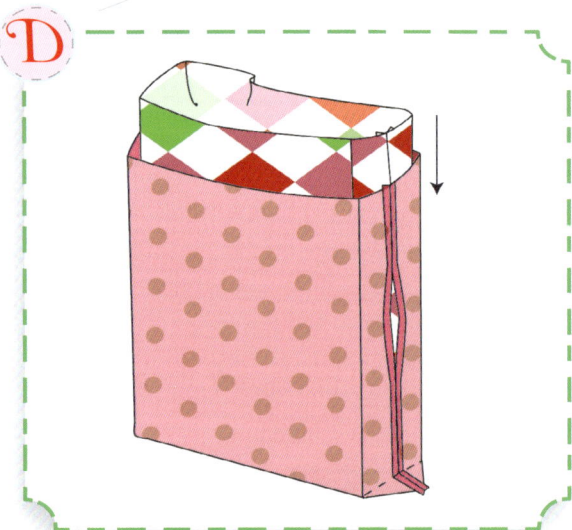

D

E

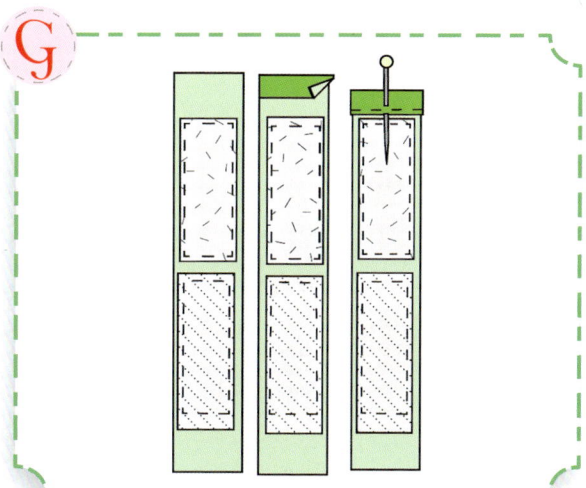

zu Abbildung F

8. Nach dem Zunähen der Öffnung kannst du nun Litzen, Rüschenbänder oder Webbänder an die obere Kante der **Innentasche aus Stoff** nähen, da sie später umgekrempelt wird. Der Abstand zur oberen Kante sollte ungefähr 1,5 cm betragen. Anfang und Ende der Bänder schlägst du nach innen ein. Jetzt wendest du die Tasche, so dass die Stoffseite innen liegt und krempelst die Oberkante nach außen.

9. Die Tasche wird mit kurzen Gurtbändern, auf die Klettbänder genäht werden, am Lenker befestigt.

zu Abbildung G

10. Schneide die Klettbänder wie oben angegeben zu und nähe sie so auf die Gurtbänder, dass die flauschige und die kratzige Seite des Klettbandes jeweils übereinander angeordnet auf ein Gurtband genäht werden. An der oberen und unteren Kante des Gurtbandes bleiben jeweils 2 cm frei.

11. Anschließend faltest du eine kurze Seite des Gurtbandes jeweils 1 cm nach innen ein und nähst sie dann mit der Maschine oder mit einigen Handstichen fest.

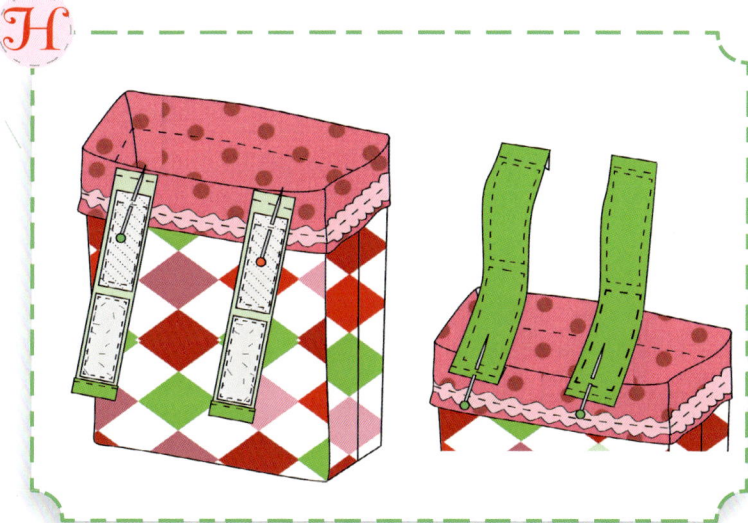

zu Abbildung H

12. Bevor du nun die fertigen Gurtbänder an die obere Kante der Lenkertasche nähen kannst, faltest du die Innenseite (Stoff) ungefähr 6 cm weit nach außen um. Dann nähst du die beiden Bänder mit der nicht umgeschlagenen Seite, ungefähr 4 cm von den Seitennähten entfernt, fest. Du nähst dabei durch alle vier Stofflagen. Anschließend klappst du die Gurtbänder nach oben und übersteppst sie nochmals.

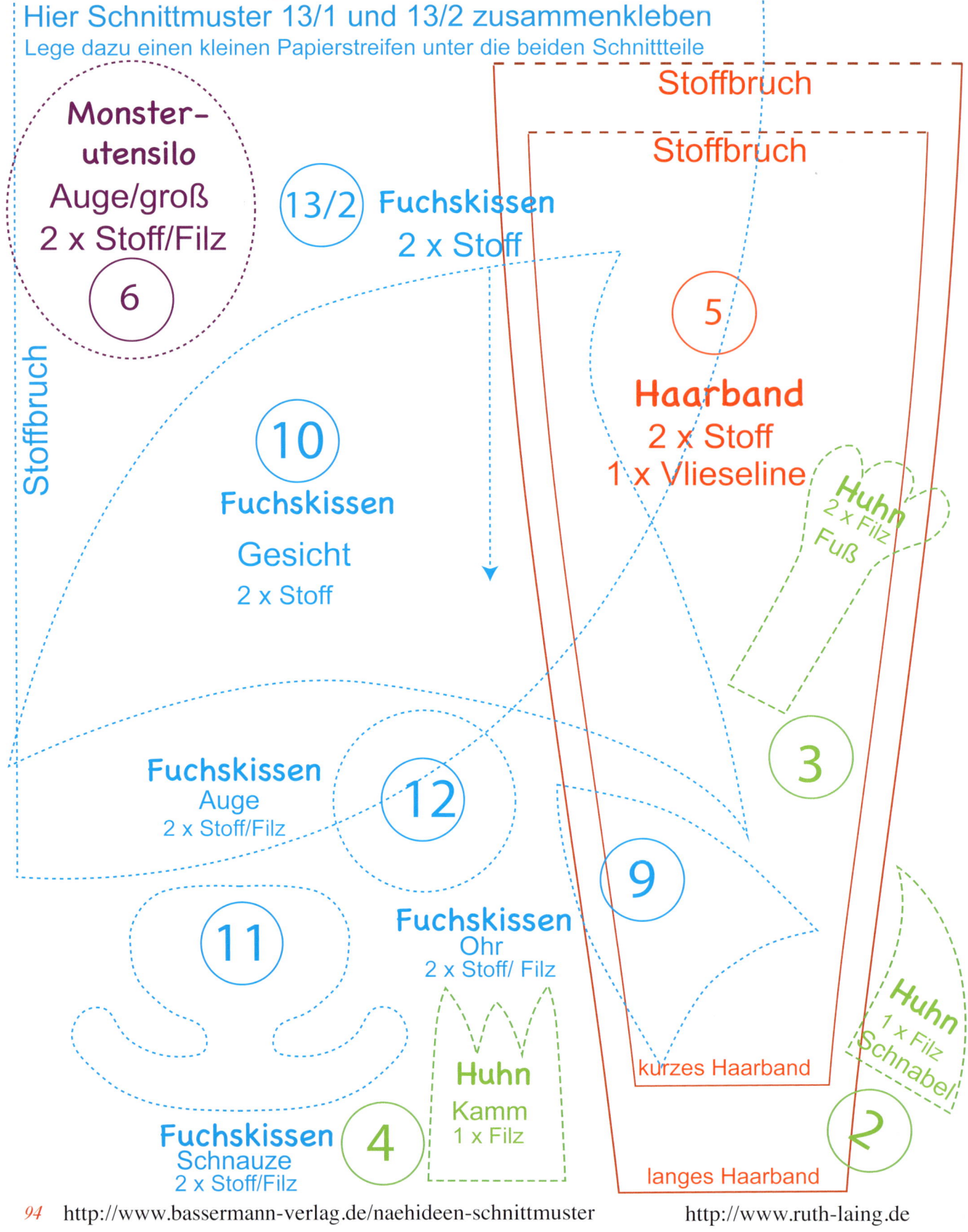

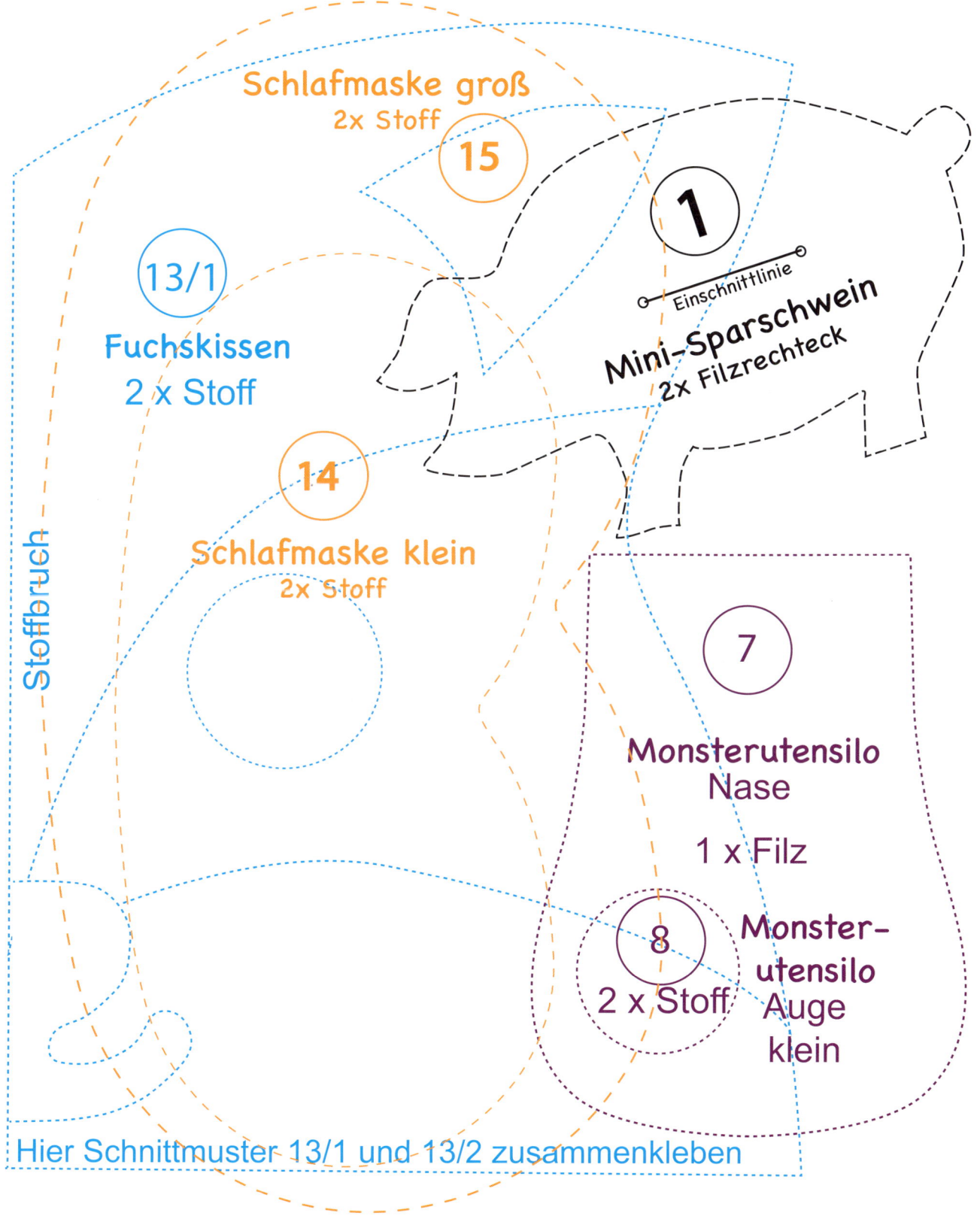

Impressum

ISBN 978-3-8094-3647-8

1. Auflage
© 2016 by Bassermann Verlag, einem Unternehmen der
Verlagsgruppe Random House GmbH, Neumarkter Str. 28, 81673 München

Die Verwertung der Texte und Bilder, auch auszugsweise, ist ohne die Zustimmung des Verlags urheberrechtswidrig und strafbar. Dies gilt auch für Vervielfältigungen, Übersetzungen, Mikroverfilmung und für die Verarbeitung mit elektronischen Systemen.

Die Modelle in diesem Buch dürfen ohne Genehmigung der Autorin nicht für den Verkauf nachgearbeitet werden.

Projektkoordination dieser Ausgabe: Dr. Iris Hahner
Umschlaggestaltung: Atelier Versen, Bad Aibling
Modelle, Schnittmustervorlagen, Fotos: Ruth Laing
Zeichnungen: Ruth Laing, Franziska Laing
Gesamtproducing: Ruth Laing
Lektorat: Bernadette Mayr

Die Informationen in diesem Buch sind von der Autorin und dem Verlag sorgfältig erwogen und geprüft, dennoch kann eine Garantie nicht übernommen werden. Eine Haftung der Autorin bzw. des Verlags und seiner Beauftragten für Personen-, Sach- und Vermögensschäden ist ausgeschlossen.

Der Verlag weist ausdrücklich darauf hin, dass im Text enthaltene externe Links vom Verlag nur bis zum Zeitpunkt der Buchveröffentlichung eingesehen werden konnten. Auf spätere Veränderungen hat der Verlag keinerlei Einfluss. Eine Haftung des Verlags ist daher ausgeschlossen.

Reproduktion: Artilitho snc, Lavis (Trento)
Druck und Verarbeitung: Neografia, Martin
Printed in Slovakia

Verlagsgruppe Random House FSC® N001967